확언과 EFT로
나는 왜 하는 일마다
잘되지?

확언과 EFT로

나는 왜 하는 일마다 잘되지?

최인원 지음

 몸맘얼

"나는 왜 하는 일마다 잘되지?"

독자들은 "나는 왜 하는 일마다 잘되지?"라는 선정적인 제목에 마음이 끌리면서도, 다른 한편으로 '이거 또 과대광고 아냐? 그동안 너무나 많이 속았어' 하는 일말의 의심을 품을 수도 있을 것이다. 그래서 먼저 이 제목의 의미를 잠시 짚고 넘어가려고 한다.

우선 자신에게 질문을 하나 해보자. 여러분은 가위바위보를 할 때 어느 것을 내기가 가장 쉬운가? (물론 세 경우의 가능성은 모두 동일하다.) 그럼 또 하나. 만약 가위를 냈다면 그 순간에 나는 마음속으로 무엇을 생각했겠는가? (당연히 가위를 생각하고 냈을 것이다.) 반대로, 내가 바위를 생각했다면 내 손은 무엇을 냈겠는가? (당연히 바위다.) 그렇다, 모두 당연한 말들이다.

이제 본 주제로 들어가 보자. '된다'는 생각과 '안 된다'는 생각 중 어느 것이 더 쉬운가? 이것은 가위바위보와는 달리 조금 어려운 문제라고 생각될 수도 있다. 굳이 어렵게 만들지 말고 쉽게 생각하라. 이것도 한 가지의 생각이고 저것도 한 가지의 생각이다. 그렇지 않은가? 그저 생각이라는 측면에서 보면 둘 다 손쉬운 생각의 하나일 뿐이다.

그럼 누군가 되는 결과를 냈다면, 그는 속으로 무슨 생각을 했을까? 당연히 '된다'고 생각했을 것이다! 다시 반대로, 누군가 속으로 '된다'는 생각을 했다면 어떤 결과를 얻을까? 당연히 '되는' 결과를 얻을 것이다! 자, 이제 '되는' 것이 가위바위보만큼이나 쉽고 당연한 결과라는 것을 인정하겠는가!

이처럼 성공은 너무나 쉽고 당연한 것이다. 되고 싶으면 '된다'는 생각을 선택하면 된다. 그 결과는 '된다'는 생각의 당연한 귀결일 뿐이다. 그러니 우리가 해야 할 생각이 "나는 왜 하는 일마다 잘되지?"가 아니라면 대체 무엇이겠는가?

여기까지 설명했는데도 뭔가 찜찜한 느낌이 드는 독자들이 있을 것이다. '된다'는 생각이 그렇게 쉽게 유지되냐는 반문이 여기까지 들리는 듯하다. 그래서 한마디만 덧붙이겠다. 필자가 보기에 오히려 가장 힘든 것은 '안 된다'는 생각을 하면서 평생을 사는 일이다.

한번 생각해보라. '안 된다'는 생각을 평생 하다 보니 마음은 고통스럽고, 인생은 꼬이고, 경제적으로도 쪼들리고, 몸은 병들어간다. 이것은 '안 된다'는 생각이 가져오는 자연스러운 결말이다. 반면에 '된다'는 생각으로 살아간다면 마음이 편안하고, 인생이 잘 풀리고, 경제적으로도 풍요롭고, 몸에는 활기가 넘친다. 세상에 '안 된다'는 생각을 품고 사는 것보다 더 힘들고 고통스러운 일이 어디에 있겠는가? 반대로, '된다'는 생각보다 더 쉽고 편안한 마음가짐이 어디에 있겠는가?

필자가 감히 확신하건대, 이 책의 마지막 장을 덮을 때쯤이면 독자 여러분도 '된다'는 생각을 밥 먹고 숨 쉬듯 자연스럽게 선택하면서 늘 이 책의 제목을 되뇌게 될 것이다.

"나는 왜 하는 일마다 잘되지?"

오랫동안 이 책을 쓰고 싶었다. 이 책은 내가 평생을 걸고 벌여온 모험에서 얻은 나름의 지혜를 정리한 것이다. 우리의 숨겨진 가능성을 추구하고 달성하는 것보다 더 짜릿한 모험이 어디에 있을까? 또 우리를 틀 안에 가두고 벗어나지 못하게 하는 외부의 모든 조건이 실은 우리 내면에 존재하는 허구에 불과하고, 우리는 그저 가위에 눌리고 있을 뿐임을 간파하는 것보다 더 큰 깨달음이 어디에 있을까? 실제로 우리는 스스로 그리는 꿈이나 목표에서 단지 징검다리 몇 개만 건너면 닿을 만큼 떨어져 있을 뿐이다. 그리고 이 징검다리들에는 '불가능', '비현실', '안 돼' 등의 이름이 붙어 있다.

나는 최초의 EFT 전문 서적을 내겠다고 확언한 지 열 달 만에 《5분의 기적 EFT》를 출간했고, 내친김에 최초의 '확언' 전문서를 내겠다고 확언하여 1년 만에 다시 이 책을 출간하게 되었다. 이 책이 나오게 된 과정 자체도 나에게는 또 하나의 흥미진진한 모험이었다. 이제 편안하고 담담한 마음으로 그 여정을 회고하고 음미하면서, 이 책을 통해 독자 여러분을 신기한 나라 '가능성可能城'으로 초대한다.

천지창조의 비밀 대공개, 놓치지 마시라!

당신은 완벽한 창조의 주체다.
지금 당신의 모든 현실은 당신이 창조한 것이다.
그런데 왜 이 모양이냐고?

당신은 두려움을 창조했고 두려움을 믿었다.
두려움을 믿었으므로 두려움을 경험한다.
당신은 두려움을 선택했으므로 두려움을 경험한다.
믿는 대로 경험한다.

돈의 부족에 대한 두려움을 믿었으므로
돈의 부족을 경험한다.
고로 믿는 대로 경험한다.

나 자신의 못남에 대한 두려움을 믿었으므로
자신의 못남을 경험한다.
고로 믿는 대로 경험한다.

당신은 그것을 선택하여 믿으므로
그것을 경험한다.
고로 믿는 대로 경험한다.

당신은 무엇이든 선택할 수 있으므로

그 선택을 경험한다.
고로 믿는 대로 경험한다.

당신이 무엇을 하건, 어디에 있건, 무엇을 원하건,
믿는 대로 경험한다.

나는 아무것도 모른다.
오직 다음의 한 가지만을 안다.
나는 믿는 대로 경험한다.

이제 기존의 경험이 지겨운가?
새로운 것을 믿으라.
믿는 대로 경험하리니!

당신은 믿는 대로 경험하고
다시 이 경험으로 믿음을 강화시킨다.
고로 다시 믿는 대로 경험한다.

2009년 3월에
저자 혼돈 최인원 씀

2008년 5월, 미국 뉴멕시코주의 앨버커키에서 EFT의 창시자 개리 크레이그(가운데)와 함께 기념 촬영을 했다.
왼쪽이 필자. 오른쪽은 EFT KOREA의 국제 담당 권순욱 님이다.

5/17/08

I'm delighted that Koreans are part of the EFT family.

Gary

사진 촬영 후에 개리는 "한국인이 EFT 가족이 되어서 기쁘다"며 사인을 해주었다.

나는 왜 하는 일마다 잘되지?

먼저 내게 EFT(Emotional Freedom Techniques)와 확언의 위력을 일깨워준 EFT의 창시자 개리 크레이그에게 감사드린다. 개리는 성경 속에 나오는 노아와 같은 인물이다. 그는 이 세상을 부정적 생각과 감정의 홍수에서 구하기 위해 EFT라는 방주를 만들어 열심히 전 세계에 전파하고 있다. 나는 그의 열정과 상상력, 인간애와 자유로움을 존경하고 사랑한다.

나를 찾아온 많은 환자들과 내담자들, 특히 빨리 낫지 않아서 나로 하여금 모든 상상력과 가능성을 발휘하고 공부하게 해준 모든 분께 감사한다.

마지막으로 항상 나를 믿고 지지하는 가족에게 감사를 전한다.

차례

책을 열며 • 005

들어가는 말 • 007

감사의 말 • 011

PART 1

가능성可能城으로의 초대

01 한계성限界城 이야기 • 019

02 가능성可能城과 벽글씨 • 031

PART 2

뭘 해도 잘되는 사람의 비밀 – 확언

01 반복되는 생각이 현실을 만든다 • 043

02 확언에는 규칙이 있다 • 045

03 현실과의 괴리를 없애는 선택확언 • 059

04 무의식의 저항을 없애는 의문확언 • 062

05 확언과 상상을 결합하라 • 068

06 확언과 삶의 목적을 일치시키라 • 093

07 내가 진짜 하고 싶은 일은? • 097

08 안테나 이론 • 104

09 필자가 체험한 확언의 기적 • 113

10 토요타의 성공 신화를 이끈 엔지니어의 확언 • 120

PART 3

확언을 생활화하자

01 '나만의 맞춤 확언' 만들기 • 129

02 오늘부터 내 생각의 주인이 되라 • 133

03 확언을 나 자신에게 광고하라 • 136

04 습관적인 말이 확언이 된다 • 148

05 '완전 긍정과 가능성의 인간' 만들기 프로그램 • 155

06 확언에 관한 질문들 • 158

PART 4

확언에 날개를 다는 EFT

01 확언과 꼬리말   • 165

02 EFT란 무엇인가?   • 169

03 꼬리말을 EFT로 뎅강 잘라버려라   • 176

04 EFT로 꼬리말을 찾고 지우는 공식   • 178

05 EFT로 신념 바꾸기   • 185

06 EFT의 위력   • 190

07 EFT 단체 과정 사례   • 197

PART 5

나는 왜 하는 일마다 잘되지?

01 경제적 풍요의 문 열기   • 203

02 인간관계의 문 열기   • 215

03 행복의 문 열기   • 226

04 건강의 문 열기   • 232

05 아이들과 마음의 문 열기   • 246

06 정신적 자유와 성장의 문 열기   • 253

PART 6

아무 때나 펼치고 따라 하는 확언 백과

01	확언을 위한 확언	• 267
02	경제적 풍요를 위한 확언	• 270
03	건강을 위한 확언	• 273
04	자신감을 위한 확언	• 275
05	일과 경력을 위한 확언	• 278
06	사랑과 결혼을 위한 확언	• 281
07	가족을 위한 확언	• 284
08	인간관계를 위한 확언	• 286
09	두려움 극복을 위한 확언	• 289
10	습관과 중독증 극복을 위한 확언	• 291
11	영성을 위한 확언	• 294
12	행복한 인생을 위한 확언	• 297
13	분노를 제거하는 확언	• 299
14	원하는 것을 얻는 확언	• 300
15	학습을 위한 확언	• 301
16	젊음을 위한 확언	• 302
맺음말		• 303
참고 자료 목록		• 307

PART 1

가능성 可能城 으로의 초대

01

한계성限界城 이야기

장면 1

저기 세상의 남쪽 끝에는 아주 큰 성이 하나 있다. 그 성의 남쪽 성문에는 거대한 현판이 걸려 있는데, 그 안에는 '한계성限界城(Palace Of Impossibility)'이라는 세 글자가 황소만한 크기로 적혀 있다. 너무나 넓고 넓은 한계성은 셀 수 없이 많은 궁전과 정원으로 가득 차 있다. 하나의 궁전을 지나면 다시 새로운 계단이 나타나고, 눈앞에는 또 다른 궁전들이 한없이 펼쳐진다. 아마 몇 백 년, 몇 천 년을 걸어도 한계성을 다 둘러보지는 못할 것이다. 이 성에서 일하는 그 누구도 여기에서 벗어날 수 없을 듯 보인다.

한계성은 그 크기만큼이나 건물의 규모도 어마어마하다. 천억만 개의 벽돌과 백억만 개의 기와를 동원해서 수백 년간 지어진 궁전들. 그 들보들 하나하나는 지구의 중앙에서 수십 년에 걸쳐 실어온 것이다. 전각과 부조에 쓰인 바위 중에는 무게가 2백 톤이 넘는 것도 있다. 이런 돌들을 모두 한계성 터로 실어오는 데만도 30년이 걸렸다. 이런 과정을 거쳐

완성된 한계성 안에는 황제 일가를 위한 시녀들만도 족히 만 명이 넘게 살고 있다.

장면 2

엄청난 규모를 가진 한계성에는 사람들도 많이 살고 있는데, 그중에는 '상식常識'이라는 이름의 일꾼이 하나 있다. 이 성에서 그가 돌아다닐 수 있는 곳은 한정되어 있다. 많은 왕족과 귀족들은 넓고 화려한 건물의 방에 머물면서 풍요로운 생활을 하지만, 상식은 겨우 복도에서 이들의 방을 흘낏 훔쳐보는 것이 전부이고, 주로 컴컴한 지하 작업실이나 누추한 숙소 뒷방에서 지낼 뿐이다.

상식은 이 답답하고 속 터지는 곳에서 벗어나고 싶었다. 귀족들처럼 넓고 화려한 방에서 열리는 댄스파티에도 가보고, 금장의 책이 가득한 왕궁의 도서관도 맘껏 돌아보고, 만찬 연회도 즐기고 싶지만, 그저 부러워하며 쳐다보기만 할 뿐이다. 왜냐하면 화려한 방과 건물의 문과 벽에는 빠짐없이 '접근금지', '출입금지', '출입불가', '통행금지' 등의 글씨가 적혀 있어서 상식의 발길을 가로막기 때문이다. 이 '벽글씨(Writings On The Wall)'들은 모두 사람 키만큼이나 높게, 그리고 백 리 밖에서도 보일 정도로 붉고 선명하게 새겨져서, 천년만년이 지나도 결코 지워지지 않을 듯 보인다.

상식은 자기를 가로막는 벽글씨들이 너무나 밉고 원망스럽지만, 그 명령을 어기면 천벌이라도 받을 것 같아서 그 영역을 침범할 수 없다. 상식은 이 벽글씨들을 누가 썼는지, 어떻게 바꿀 수 있는지 정말 궁금하고 억울한 마음이지만, 그 누구도 이에 관해 알지도 못하고 가르쳐주지도 않는다. 상식이 한계성에서 이렇게 궁금해하고 억울해하고 답답해하면서 지내온 지도 벌써 수십 년은 넘은 것 같다. 상식은 여전히 이 의문을 풀지 못하고 있지만, 아직 포기하지 않고 답을 찾아다닌다. '원래 인생이란 이런 거야' 하고 실망했다가도, 언젠가는 답을 얻게 될 거라는 절반의 희망을 품으며 오늘도 노동으로 지치고 고단한 몸을 허름한 침대에 눕힌다.

"깨어나, 깨어나란 말이야!"
"깨어나, 깨어나, 깨어나, 깨어나!"

상식은 갑자기 온몸과 마음을 뒤흔드는 소리에 깜짝 놀라 잠에서 깼다. 하지만 아무리 주위를 둘러보고 귀를 기울여도 인기척을 찾을 수는 없었다. 아직 캄캄한 새벽. 상식은 반쯤 깨고 반쯤 잠든 채로 한동안 주변을 두리번거리다가 억지로 다시 잠을 청했다.

"꿈속에서 들은 말일까? 꿈이라고 하기에는 너무나 생생했는데….."

장면 3

오늘 상식은 오랜만에 여유가 생겨 시장을 구경하러 나갔다. 상식은 벽글씨에 관한 의문과 답답함을 잠시 잊고서, 시장통의 다양한 상품과 먹을거리에 정신이 팔려 한참을 돌아다녔다. 그러다가 시장 한구석에서 많은 사람들이 웅성거리는 광경을 보고서 그리로 다가갔다. 그곳에서는 판초를 걸친 비범한 얼굴의 남자가 의념으로 숟가락을 휘는 묘기를 보여주고 있었고, 구경꾼들은 그에게 박수를 보내고 있었다. 이윽고 묘기가 끝나고, 모여든 사람들도 거의 흩어져, 이 남자와 상식만이 남게 되었다. 주변을 정리하던 남자가 갑자기 상식에게 말을 건넸다.

"상식 군, 이제야 나를 찾았군. 오랫동안 기다렸네."
"어어, 어떻게 내 이름을 알죠? 당신은 누구세요?"
"다들 나를 '혼돈 달인'이라고 부르지. 자네도 그렇게 부르게. 자네의 오랜 물음이 자네를 여기까지 데려온 거야. 자네가 왜 여기 왔는지 알아. 자네가 뭘 했으며, 왜 잠을 못 자고, 왜 혼자 살면서 밤이면 밤마다 저 벽글씨들을 노려보고 있는지도. 우릴 움직이는 건 물음이지. 그게 자네를 여기까지 오게 만든 거야. 자네는 그 물음이 뭔지 알아."
"벽글씨를 말씀하시는 건가요?"
"자네, 숟가락을 휘는 법을 알고 싶지 않나?"
"네. 어떻게 그렇게 할 수 있죠?"
"숟가락을 휘겠다고 생각하진 말게. 그건 불가능해. 그저 진실만을 깨달으면 된다네."
"진실이라뇨?"
"숟가락은 존재하지 않는다는 진실이지."
"숟가락이 존재하지 않는다고요?"
"그러면 숟가락이 아닌 나 자신이 휘게 되지. 자, 그럼 다시 보세."
"……."

말이 끝나자마자 혼돈 달인은 사라져버렸고, 알 듯 말 듯한 혼돈 달인의 말은 상식의 마음속에서 계속 메아리쳤다. 상식은 오히려 더 커진 물음을 품고 누추한 숙소로 발길을 돌려야 했다.

장면 4

상식은 연회장 앞에서 땀을 뻘뻘 흘리며 바닥을 닦고 있었다. 마침 연회장에는 성안의 귀족들이 모두 모여 성대한 파티를 열고 있었다. 형형색색의 아름다운 가구와 소품들이 실내를 가득 채우고, 귀족들은 저마다 기품 있는 정장과 우아한 드레스를 입고서 담소를 나누거나 음악에 맞춰 춤을 추었다. 테이블마다 가득 차려진 음식들은 상식이 생전 먹어보기는커녕 보지도 못한 것들로, 향내만으로도 사람의 마음을 요동치게 만들었다.

오늘따라 더 가까이 보이는 연회 장면에 상식의 마음은 더욱 흥분되었다. 갑자기 그 속으로 뛰어들고픈 충동에 몇 발짝 걸음을 옮기는 순간, 대문짝만한 벽글씨가 상식을 막아섰다. 붉은색으로 선명하게 새겨진 '출입금지'. 흥분했던 만큼 상식의 좌절감은 더 커졌고, 상식은 연회장의 벽글씨를 뚫어지게 노려보면서 자기도 모르게 외쳤다.

"대체 누구야? 누가 이 벽글씨를 써서 날 가로막는 거야? 누가 이 한계성에다 날 가둔 거냐고? 누구 짓이든 간에 이제는 정말 담판을 짓고 싶어!"

장면 5

상식은 막대 걸레를 집어던지고 연회장을 뛰쳐나왔다. 너무나 답답한 마음에 도저히 그대로 머물 수가 없었다. 하지만 누추한 숙소와 일터 외에는 마땅히 갈 곳이 없었던 상식은 마음 내키는 대로 걷다가, 이윽고 시장터에 이르렀다. 오늘은 장이 서지 않는 날이라 한가했고 사람들도 별로 보이지 않았다. 혹시나 그 달인을 볼까 하고 기대했지만 허탕이었다. 그때 갑자기 등 뒤에서 귀에 익은 말소리가 들렸다.

"나를 찾고 있나? 자네는 나를 지금 잠시 찾고 있지만 사실 나는 아주 오랫동안, 자네가 태어날 때부터 지금까지, 아니 어쩌면 자네가 태어나기도 전부터 자네를 찾아왔네."

"무슨 말이죠. 저를 알고 있었다니요?"

"자네는 운명을 믿나?"

"아뇨."

"왜지?"

"내 삶을 원하는 대로 통제할 수 없다는 거니까요."

"자네가 여기 온 이유를 말해주지. 자네는 뭔가 알아. 그것이 뭔지 설명은 못하지만 느낄 수는 있어. 자네는 평생 그것을 느끼며 살아왔어. 확실히 꼬집어낼 수는 없어도, 세상이 눈에 보이는 모습과는 다르다는 것을. 이런 느낌이 머리가 깨질 듯한 편두통처럼 자네를 미치게 만들지. 그 느낌에 이끌려 여기까지 온 거야. 무슨 말을 하는지 알겠나?"

"벽글씨를 말하는 건가요?"

"벽글씨가 무엇인지 알고 싶나? 벽글씨는 모든 곳에 있어. 우리 주위의 모든 곳에. 바로 이 시장에도 있고, 창밖을 내다봐도 있고, 텔레비전 안에도 있지. 출근할 때도, 교회에 갈 때도, 세금을 낼 때도 그것이 느껴지지. 그건 이 세계의 진실을 보지 못하게 우리의 눈을 가리는 또 하나의 세계를 의미한다네."

"진실이라뇨?"

"자네가 꼭두각시라는 진실이지. 진짜 현실 같은 꿈을 꿔본 적이 있나? 그런 꿈에서 깨어날 수 없다면 그것이 꿈인지 생시인지 어떻게 알 수 있지? 자네도 이 성에서 다른 사람과 마찬가지로 진실에 대한 감각이 마비된 채 태어났지."

"……."

"아쉽게도 벽글씨가 뭔지 말로는 설명할 수가 없어. 직접 경험해야만 해. 이것이 마지막 기회야. 이후에는 다시 돌이킬 수 없어. 자, 여기 파란 콘택트렌즈와 빨간 콘택트렌즈가 있어. 파란 렌즈를 끼면 모든 이야기는 여기서 끝나. 자네는 내일 아침 침대에서 깨어나 지금까지 믿어왔던 모든 것을 그대로 믿고, 의심 없이 속 편하게 살아가면 돼. 반면에 빨간 렌즈를 끼면 '이상한 나라의 앨리스'가 되어 그 모든 것을 경험하게 되지. 명심해. 난 오직 진실만을 보여줄 뿐이야."

상식은 약간의 침묵 뒤에 미묘한 미소와 함께 빨간 렌즈를 눈에 꼈다. 그와 동시에 렌즈가 마치 두더지처럼 살아서 꿈틀거리면서 상식의 눈 속으로 파고들었다. 이에 기겁한 상식이 렌즈 가장자리를 잡고 떼어내려 했지만 어느새 렌즈는 상식의 눈 속에 자리 잡아 눈의 일부가 되어버렸다. 이제 상식의 눈은 마치 토끼 눈처럼 붉어 보였다. 렌즈를 착용한 상식은 한동안 눈이 부셔 사물을 보지 못하고 눈을 가리고 있었다. 갑자기 혼돈 달인이 판초를 휘날리며 외쳤다.

"이제 자네의 주위를 둘러보게. 그토록 열망하던 저 왕궁도, 그렇게 부러워했던 저 자유로운 새들도 다시 한 번 보게."

상식이 눈을 비비며 주위의 사물을 보는데, 조금 전까지 멀쩡해 보이던 모든 것이 전부 벽글씨로만 보이는 것이 아닌가. 하늘을 나는 갈매기도, 커다란 왕궁도, 심지어는 온 세상이 하나같이 벽글씨의 덩어리였다. 상식은 너무나 놀라서 외쳤다.

"앗, 아니, 어떻게 저럴 수가! 지금 보고 있는 것이 모두 진실이란 말이야? 도대체 내가 보고 있는 것들이 무엇이지? 믿을 수가 없어."

새가
부러워 나
는 날 수 없어 운
명이야 날고 싶어
새가 부러워 나는 날 수
없어 운명이야 날
고 싶어 새가 부러
워 나는 날 수 없어
운명이야 날고 싶어
새가 부러워
나는 날 수 없어 운
명이야 날고 싶어
새가 부러워 나는 날
수 없어 운명이야 날
고 싶어 새가 부러워 나는 날
수 없어 운명이야 날고 싶어 새가 부
러워 나는 날 수 없어
운명이야 날고 싶어 새가 부러워 나는 날 수 없어
운명이야 날고 싶어 새가 부러워 나는 날 수
없어 운명이야 날고   싶어 새가 부러워 나는
날 수 없어 운명   이야 날고 싶어 새가 부러워
나는 날 수   없어 운명이야 날고 싶어
새가 부러워 나는
날 수 없어
운명이야 날고
싶어 새가 부러
워 나는 날 수
없어 운명이
야 날고
싶어

갈매기도, 왕궁도, 이 세상이 전부 벽글씨 덩어리라니!

상식이 정신을 차리기도 전에 갑자기 공간이 바뀌면서 혼돈 달인과 상식은 예의 그 연회장의 '출입금지'라는 벽글씨 앞에 서 있었다. 갑작스런 변화에 놀란 상식에게 혼돈 달인이 외쳤다.

　"그 벽글씨를 지워봐!"
　"네에?"

　상식은 벽글씨 앞에 서기는 했지만 도저히 지울 엄두가 나지 않아 한동안 멍하니 있다가 숨을 가다듬으며 외쳤다.

　"숟가락은 없다!"

　말이 끝나는 동시에 벽글씨를 손바닥으로 살살 문질러보았다. 그러자 커다란 벽글씨가 마치 발에 밟힌 두부처럼 맥없이 스러지는 것이 아닌가. 불과 몇 초 만에 흔적도 없이 스러진 벽글씨를 자세히 보니, 그저 휙 불면 날아갈 듯한 얇은 종잇조각에 불과했다. 혼돈 달인이 미소를 지으며 말했다.

　"자신을 믿기 시작하고 있군. 이제 자네는 혼자만의 길을 가야 하네. 잘 가게."

　인사를 할 틈도 없이 혼돈 달인은 사라졌다. 상식은 벽글씨가 지워진 연회장으로 조심스레 들어가보았다. 놀랍게도 아무도 저지하거나 개의치 않았고, 오히려 모두가 새로운 손님의 등장을 반기며 담소를 나누고

춤과 식사를 즐겼다. 상식은 이 새로운 경험에 낯설어하면서도 일단 그 즐거움과 풍요로움을 맘껏 즐겼다. 아마 이날의 첫 경험은 상식에게 평생 잊지 못할 기억이 될 것이다. 이 첫날을 기념하고 새로운 인생을 살기 위해 상식은 '직관直觀'으로 개명하기로 했다.

장면 6

이 첫 경험 이후에 직관은 다른 벽글씨들도 지워보기로 했다. 직관은 매일매일 자신이 들어가고 싶은 장소에 가서 금지의 벽글씨들을 지워 나갔다. 그토록 강력하고 거대하게 보이던 벽글씨들이 하나같이 손대면 톡하고 터지거나, 훅 불면 날아가버리는 것에 직관은 놀라움을 금치 못했다.

"벽글씨들이 이토록 연약한 것이었다니!"

이렇게 매일매일 열심히 벽글씨를 지우며 새로운 인생을 경험하던 어느 날 아침. 붉은 해는 아직 동쪽의 푸른 대숲에 머물고, 하얀 바위 위의 검은 까치가 한가롭게 지저귀고, 대숲을 쓰다듬는 산들바람이 아침의 고요함을 더욱 돋보이게 살짝 바스락거리던 그때, 한 생각이 벼락 치듯 직관의 온몸을 휘감으며 내리쳤다.

'숟가락은 존재하지 않아! 벽글씨도 존재하지 않아! 한계성도 존재하지 않아! 마침내는 나도 존재하지 않아!'

바로 그 순간 마치 순백의 태양 속으로 세상이 빨려 들어간 듯, 온 세상이 빛으로 가득 차서 아무것도 보이지 않았다. 직관도, 세상도, 태양도, 대숲도 그저 한 덩어리의 밝디 밝은 흰 빛으로 합쳐져 있는 것 같았다. 무한이기도 하고 찰나이기도 했던 한 순간이 그렇게 지난 후, 직관이 정신을 차리고 둘러보니 한계성의 건물과 방에 붙어 있던 그 많던 벽글씨들이 하나도 남김없이 사라진 것이 아닌가!

장면 7

직관이 성안의 또 다른 시장인 '관습慣習' 시장의 한구석에서, 수십 명의 사람들을 모아놓고 의념으로 숟가락을 휘고 있다. 한바탕 숟가락 휘기 묘기에 정신을 못 차리고 멍해져 있는 사람들에게, 직관은 미소를 지으며 외친다.

"나는 아직도 당신들에게 벽글씨가 존재하고 있음을 안다. 또한 당신들이 나를 두려워하고 있음을 안다. 당신들은 변화를 두려워하고 있다. 나도 미래를 알지는 못한다. 나는 이 한계성限界城이 어떻게 끝날지 말하러 온 게 아니다. 나는 어떻게 시작할지를 말하러 왔다. 이제 벽글씨가 없는 진짜 세계를 보여주겠다. 진짜 세계는 규칙이나 통제, 경계나 국경이 없는 세계, 모든 것이 가능한 세계이다. 그다음에 무엇을 할지는 당신들의 몫이다."

말을 마치자마자 직관은 한계성의 가장 큰 법칙인 중력의 법칙을 거슬러 판초를 휘날리며 마치 로켓과 같이 날다가, 마침내는 수직으로 날아올라 한계성에서 멀어져 간다. 날아가는 직관의 발치로, 덤프트럭처럼 거대한 한계성의 현판이 놀랍게도 어느새 가능성可能城으로 이름이 바뀌어 그 위용을 뽐내고 있는 것이 아닌가!

참고) 이 이야기는 영화 〈매트릭스〉와 개리 크레이그의 '가능성의 궁전' 비유를 각색하여 재구성한 것이다.

02

가능성可能城과 벽글씨

우리는 '한계성限界城'이 아니라 '가능성可能城(Palace Of Possibility)'에 산다. 이곳의 궁전들은 계속 증축되고 있으며, 늘 화려한 방과 부속 건물들이 가득해서 우리가 보고 즐길거리가 무궁무진하다. 궁전들의 방과 건물은 모두에게 개방되어 있지만, 우리는 불과 몇 곳만을 들락거릴 뿐이다. 누구도 우리가 다른 곳에 가지 못하게 막지 않고, 사실상 우리는 어디로든 갈 수 있는 천부적 권리를 갖고 있지만, 대부분의 사람은 익숙한 방 안에만 머무르려 한다.

넓직하고 화려한 방들은 우리와 거리가 있어 보인다. 그 방들은 우리보다 부유하거나 능력이 있거나 운이 좋은 사람들만 들어갈 수 있는 듯보인다. 우리는 그저 익숙해진 낡은 방들만 들락거리면서 감히 다른 곳에는 가볼 생각도 못하고 있다.

왜냐고? 다른 방들의 문과 벽에는 '출입불가'라는 글씨가 분명히 적혀 있고, 이 글씨들은 우리가 반드시 따라야 하는 신성불가침의 금기로 느껴지기 때문이다. 마치 남자인 내가 배가 아파서 급히 화장실을 찾다가도 문 앞에 '숙녀용'이라고 적혀 있으면 배를 움켜잡고서도 차마 못 들

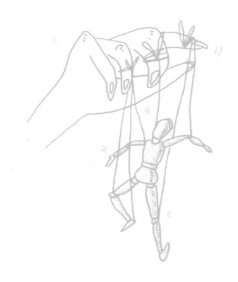

우리는 벽글씨의 꼭두각시다.

어가는 것처럼 절대로 어기면 안 되는 그 무엇인 것이다.

가능성에는 벽글씨가 있다.

　그런데 만약 '숙녀용'이라는 글을 모르는 외국인이 화장실 앞에 섰다면 어떻게 될까? 물론 그는 아무 망설임 없이 바로 변기로 직행해서 볼 일을 해결할 것이다. 바로 여기서 우리는 아주 중요한 통찰을 하나 얻게 된다. 바깥에서 우리를 제한하고 있는 것처럼 보이는 '가능성'의 모든 '벽글씨'가 사실은 모두 우리의 내면에서 의미를 획득해야만 효과를 발휘할 수 있는 것으로 사실상 외부가 아닌 나의 내부에 존재하는 것들이라는 점이다. 따라서 우리는 이렇게 말할 수 있다.

벽글씨는 실제로는 나의 마음속에 있다.

벽글씨란 실제로는 우리의 내부 대화(속말, 혼자 생각, self-talk)를 비유적으로 표현한 것이다. 벽글씨, 즉 우리의 내부 대화는 우리가 오랫동안 내면에 축적해온 것으로 우리의 신념, 태도, 의견, 경험, 규칙, 에티켓 등을 반영한다. 우리는 모두 다른 벽글씨를 갖고 있고 이러한 다양한 벽글씨들로 인해 우리의 개성이 드러난다. 배가 아파서 화장실이 급한 남자라도 여자용이라고 적혀 있는 화장실은 감히 들어가지 못하듯, 벽글씨는 항상 우리의 행동을 결정한다. 따라서 다음과 같이 한 문장으로 말할 수 있다.

우리는 항상 벽글씨에 따라 판단하고 행동한다.

〈부시맨〉이라는 오래된 영화를 본 적이 있는가? 이 영화에서는 아프리카 원시 부족의 마을 위로 경비행기 하나가 날아가다가 '콜라병' 하나를 떨어뜨린다. 이 부족의 사람들은 문명을 접해본 적이 없었기 때문에 콜라병을 발견했지만 이에 관한 벽글씨가 전혀 없었다. 그들은 전혀 본적도 없고 이해할 길이 없는 이 물건 앞에서 당황할 수밖에 없었다. 이것을 어디에 쓰는지, 어디서 왔는지, 나무 열매의 일종인지, 왜 이렇게 단

영화 〈부시맨〉의 포스터

단한지, 어떻게 이렇게 투명할 수 있는지 도대체 알 수가 없었다.

이 콜라병을 이해하기 위해서 그들은 이 미지의 것에 의미를 부여해야 했다. 텅 비어 있는 '인식의 벽'에다 기존의 벽글씨를 조합하여 새로운 벽글씨를 최대한 채워 넣어야 했다. 그들은 이 괴상한 물건에서 저마다 다양한 의미를 만들어냈다. 개중에는 콜라병을 신이 보낸 재앙의 징조로 해석하는 사람도 있었고, 콜라병에서 쓸모와 재미를 찾아내는 사람도 있었다. 콜라병은 두드리면 악기처럼 울리는 소리가 났고, 물을 담아먹을 수도 있었고, 장난감처럼 갖고 놀 수도 있었기 때문이다.

우리는 항상 벽글씨에 따라 사물을 이해한다.

그러다 점차 이 물건은 모든 사람이 탐내는 대상이 되었고, 결국 이 콜라병 때문에 부족민들이 다투고 갈등하는 지경에까지 이르렀다. 콜라병으로 인한 스트레스와 갈등이 도를 넘어 심각해지자, 마침내 우리의 주인공인 부시맨은 '콜라병을 보낸 신은 미쳤음에 틀림없다'고 결론을 내리게 되었다. 그래서 부시맨은 이 콜라병을 신에게 되돌려주기 위해 저 먼 땅끝 절벽으로 가서 이것을 던져버리게 된다. 이제 우리는 다음과 같이 말할 수 있다.

우리는 세상 모든 것에서 의미를 발견한다.
사실 그 모든 의미는 우리의 벽글씨가 규정한 것이다.

콜라병에서 불경과 성경에 이르기까지, 이 세상 모든 것에 대한 의미는 소위 '인식의 벽'에 글씨로 적혀 있다. 우리는 일상적으로 접하는 모든 것의 의미를 이해하기 위해 오늘도 계속 내 벽글씨를 참조한다. 그런데 그 벽글씨에 규정되지 않은 사물이나 현상들을 접하면 우리는 어떻게 될까? 앞서 말한 콜라병처럼 전혀 규정하고 판단할 벽글씨가 없는 대상을 만나면 어떻게 될까?

단순하다. 우리는 이 원시 부족처럼 이해하고 판단하고 행동한다. 우리는 일단 기존의 진리, 즉 벽글씨를 이용해서 가능한 최대의 근사치를 만들어낸다. 이렇게 만들어진 근사치는 물론 허구이기는 하지만 우리는 일단은 이것이 진리라고 믿고 그렇게 판단하고 행동한다. 우리는 이것이 허구라는 사실을 인식조차 하지 않으므로, 이 사실은 판단이나 행동을 달리 변화시키지 않는다. 주변의 대상과 세상을 자신만의 의미로 규정하는 것이 인간의 천성이다. 우리는 항상 새로 접하는 대상을 기존의 벽글씨에 견주어 의미를 부여하는 일을 하고 있다.

이런 점에 관해 아이들을 한번 보자. 아이들은 어른들보다 더 자주 낯선 대상을 접하면서 그들의 한정된 벽글씨를 재조합하여 텅 비어 있는 '인식의 벽'을 채움으로써 그 대상에 대한 의미를 만들어 낸다. 예를 들면 이런 식이다. 지진은 거대한 괴물이 걸어갈 때 나는 소리이고, 새로 생긴 동생은 삼신할머니가 다리 밑에 놓고 간 아기를 엄마가 주워온 것이다. 우리는 아이들의 이런 이야기를 동화나 환상이라고 폄하한다. 그런데 성인들이 세상에 대해 내리는 모든 판단은 심각하게 사실이나 진실이라고 부른다. 재미있지 않은가?

어른들의 동화와 환상을 우리는 세상의 진실이라고 부른다.

EFT 단체 심리 치료 과정을 하던 어느 날, 필자는 그날 참석한 네 명에게 '죽음'이라고 하면 어떤 이미지가 떠오르는지 물었다. 그랬더니 다음과 같은 답이 나왔다.

어둡고 검다 / 누워 있는 시신 / 천당 / 무덤 / 휴식(필자의 것)

특이하게 "천당"이라고 답한 분께 왜 그렇게 생각하냐고 물었더니 얼마 전 성당에 다니면서부터 그런 생각을 하게 되었다고 말했다. 다시 반대로 '삶'이라고 하면 어떤 이미지가 떠오르는지 물었더니 다음과 같이 답이 나왔다.

괴로움 / 부지런함 / 힘들다 / 두렵다 / 뭔가 약동하는 느낌(필자의 것)

이번에는 필자의 답을 제외하고 다 부정적이었다. 만일 이 네 명이 이런 벽글씨를 계속 가지고 있다면 그들의 삶은 어떻게 될까? 이상에서 본 것처럼 '삶'과 '죽음'이라는 동일한 단어에 대한 우리 내면의 벽글씨는 모두 다르고, 그 어느 것도 절대 진리가 아니지만, 최소한 내 삶에서는 내 벽글씨만이 진리가 된다.

진리가 존재하는 것이 아니라, 진리라고 하는 내 생각이 있을 뿐이다.
진리가 존재하는 것이 아니라, 진리라고 적힌 내 벽글씨가 있을 뿐이다.

그럼 나를 이 모양 이 꼴로 가두고 있는 벽글씨는 도대체 누가, 어떻게, 왜 써넣은 것일까? 이 의문의 답을 구하기 위해 잠시 개리 크레이그의 이야기를 들어보자. 개리 크레이그는 열 살 때 외할머니와 함께 몇 달간 살게 되었다. 그녀는 당시 정신분열증을 앓고 있어 제정신이 아닌 상태였지만, 어린 개리는 그 사실을 알지 못했다. 개리에게 외할머니는 집안의 어른이고, 선생님이나 대통령과 다름없는 존경과 권위의 대상이었을 뿐이었다. 고로 당시의 개리에게 할머니의 말은 진리와 다름없었다.

맞벌이를 하던 부모님 탓에 개리는 외할머니와 단둘이 많은 시간을 보냈는데, 외할머니는 이런저런 무의미한 충고나 잔소리를 많이 하셨다. 그중에서도 특히 개리는 이런 말을 자주 들어야 했다.

"신사는 숙녀의 순결을 뺏으면 안 돼. 여자가 먼저 유혹해도 순결을 지켜줘야 해."

그녀는 하루에 적어도 백 번씩은 이 말을 개리에게 무심코 내뱉었고, 어린 개리는 순결이라는 게 뭔지도 모르는 채 그저 듣고 있을 수밖에 없었다. 심지어 하루는 외할머니의 성화에 못 이겨서 "하여간 무슨 일이 있어도 약속을 지키겠다"는 엄숙한 맹세까지 해야 했다. 어린 개리는 "아이들은 숙제 잘하고, 학교 잘 가고, 거짓말 하지 말아야 한다"는 말들만큼이나 그 맹세를 중요하게 마음에 새겼다.

이렇게 세월이 지나서 드디어 순결이 뭔지 알게 되었을 무렵, 청춘의 개리는 어여쁜 아가씨들과 로맨틱한 순간을 몇 번이나 맞게 되었다. 하지만 아뿔싸, 아가씨들과 손이라도 잡고 좀 더 진도를 나가려고 할 때마다, "신사는 숙녀의 순결을 뺏으면 안 돼"라는 외할머니의 저주 어린 벽글씨가 떠올랐다. 개리는 한창 로맨스에 달아오른 아가씨들을 버려두고서 신사다움을 지키기 위해 비장하게 일어서야만 했다. 아, 외할머니의 벽글씨 때문에 날아가 버린 로맨스가 얼마나 많았으며, 이 저주를 힘겹게 벗어난 후에 맛본 로맨스는 얼마나 달콤했던가!

이보다 더한 코미디가 있을까? 어떻게 이런 코미디 대본과 같은 일이 심각하게 우리의 생각과 행동을 규정할 수 있는가? 도대체 그 힘의 정체는 무엇인가? 어떻게 개리는 정신분열증을 앓는 외할머니가 내뱉은 무의미한 말을 자신의 '가능성可能城'에 그렇게 큰 벽글씨로 써넣게 되었을까? 바로 '반복'과 '감정'이다. 반복과 감정은 신념을 심는 가장 확실한 기법이다. 그녀는 반복적으로 "신사는 여자의 순결을 뺏으면 안 돼" 하고 말했고, 그녀는 믿고 따라야 하는 어른이자 외할머니였기 때문에 개리는 감정(믿음, 권위감 등)을 갖고 이 말을 받아들인 것이다.

만일 이 말을 한 사람이 외할머니가 아니라 그저 어린 시절의 한 친구였다면 어떠했을까? 아무리 친구가 반복해서 말했더라도, 자신과 똑같이 어린 친구의 말을 개리는 아무 느낌이나 감정 없이 받아들였을 것이다. 또 개리가 청년이었다면 그 말은 별 영향을 미치지 못했을 것이다. 바로 이것이 '반복'과 '감정'의 정체다. 감정이 실린 말을 반복해서 듣게 되면, 우리는 그것을 가장 큰 벽글씨로 우리의 '가능성의 벽'에 새기게 되고, 이것은 다시 우리의 현실이 된다. 다시 말해서 반복되고 감정이 실리는 강도에 비례해서 벽글씨는 더 크고 잘 보이게 쓰인다.

> 벽글씨는 반복과 감정(repetition and emotion)이라는 왕붓으로 쓰여진다.
> 벽글씨는 '반복과 감정'의 강도에 비례해서 더 크게 쓰여진다.

실습 지금의 나를 만든 벽글씨를 확인해보자.

여기서 잠시 독자 여러분의 벽글씨를 찾는 시간을 가져보자. "남의 눈의 티끌은 잘 보여도 내 눈의 들보는 잘 안 보인다"는 말이 있듯, 우리 자신의 벽글씨는 잘 안 보인다. 그래서 매 순간 나를 제한하는 벽글씨를 찾고 바꾸는 작업이 무엇보다 중요하다. 빈칸에 제시어와 관련되어 떠오르는 생각이나 느낌을 아무 생각 없이 써보자.

제시어	나의 벽글씨(떠오르는 생각이나 느낌)
1 인생	
2 경제적 풍요	
3 행복	
4 성공	
5 건강	

직접 적어보니 어떤가? 내가 이런 특이한 생각을 하고 있나 하고 놀라는 독자도 있을 것이다. 독자 여러분이 이런 벽글씨를 계속 지니고 산다면 인생이 어떻게 될 것 같은가? 새로운 인생을 살고 싶은가? 그렇다면 이 벽글씨들 중에서 일부는 바꾸거나 아예 없애버려야 할 것 같지 않은가?

PART 2

뭘 해도
잘되는 사람의 비밀
– 확언

01

반복되는 생각이 현실을 만든다

우리는 과거의 벽글씨에 의해 지금 여기에 있다. 역으로, 우리의 삶에서 드러나는 모든 한계와 제약은 모두 과거의 벽글씨를 반영하고 있다. 만일 상식이 본 벽글씨들이 모두 "들어오세요", "환영합니다", "사랑해요", "언제나 환영" 등이었다면, 그는 한계성限界城에서 어떤 삶을 살았을까? 아마도 상상할 수 없을 정도로 최대한의 자유와 행복, 성공을 경험했을 것이다. 이와 같이 현재의 삶을 개선하기 위해 의도적으로 만드는 벽글씨를 우리는 '확언'이라고 한다.

사실상 우리는 항상 확언을 하고 있다. 이러한 확언은 매일 우리의 내부 대화나 일상적 대화에서 드러나고 항상 우리를 '현 상태'에 있게 만든다. 우리는 종종 새로운 상황이나 조건을 접하게 되면 '될까?', '가능할까?', '할 수 있을까?', '내가 자격이 있을까?', '도대체 어떻게 하지?', '안돼', '못 해', '싫어', '어쩔 수 없어', '방법이 없어' 등의 속생각을 하게 된다. 그리고 얼마간의 시간이 지나면 드디어 이 생각의 결과들을 직접 온몸으로 경험하게 된다. 우리의 벽글씨가 변화하는 만큼 우리의 현실도 변화한다.

내가 반복하는 생각은 가장 큰 벽글씨가 되어 반드시 내 현실이 된다.

새로운 현실을 원하면 새로운 벽글씨를 써야 한다.

확언은 새로운 벽글씨다.

확언은 가능성의 무제한 자유이용권이다.

02

확언에는 규칙이 있다

이제 우리는 새로운 벽글씨, 즉 확언을 만들어 새로운 현실을 만들 수 있음을 알았다. 하지만 물고기를 잡았더라도 약간의 손질을 해야 먹을 수 있듯이, 확언을 만들 때도 약간의 손질이 필요하다. 그럼 이제 맛있는 확언을 만드는 법을 알아보자.

1 삶의 목표나 요구에 부합해야 하며, 당위적인 것은 안 된다

확언은 우리가 실제로 원하는 것에 대해서만 확실한 효과를 나타낸다. 확언은 당위론적인 기대에는 효과를 나타내지 않는다. 만일 확언에 금방 흥미를 잃어버린다면, 그것은 '원하는 것'이 아니라 '해야만 하는 것이나 되면 좋은 것'을 확언하고 있기 때문이다.

나는 대인공포증으로 치료받는 한 내담자와 어느 날 이런 대화를 하게 되었다.

"선생님, 《시크릿》이란 책을 보고 비전 보드(vision board)에 벤츠 자동차를 붙였는데 정말 그것이 생길까요?"

"그럼 믿지도 않으면서 왜 붙이세요?"

이 내담자는 당시에 고시 준비생으로서 경제적 여력도 없었고, 벤츠 자동차가 특별히 생활에 필요하지도 않았다. 이 소원이 이뤄질 거라고 믿지도 않으면서 혹시나 하는 마음에 그냥 벤츠 자동차 사진을 붙인 것이었다. 바로 이런 경우에는 소원이 이루어지지 않는다. 반대로 내 삶의 목표가 되거나 내 삶에 정말 필요한 것들을 확언하면 반드시 실현된다.

그런데 확언을 하다 보면 내가 하는 확언이 필요인지 당위인지 구분이 안 될 때가 있다. 그럴 때는 다음의 세 가지 질문을 스스로에게 던져보면 된다.

　－ 확언을 지속하고 있는가?
　－ 확언의 내용이 당신을 흥분시키는가?
　－ 확언이 당신에게 활력과 기쁨을 주는가?

만일 이 세 질문에 모두 "예"라는 대답이 나온다면 당신은 삶에 필요하고 반드시 실현되는 확언을 하고 있는 것이다.

2 '원하는 것'을 확언하고, '원하지 않는 것'을 확언하지 말라

실력이 향상되지 않아 고민에 빠진 골프 선수가 있었다. 그는 항상 홀

컵 주위의 장애물들을 보고 '저기 벙커에 빠지면 안 돼', '저기 연못에 빠지면 안 돼'라고 생각하며 공을 쳤다. 하지만 정말로 열심히 고민하고 거리를 재서 스윙을 해도 공은 종종 벙커나 연못에 빠졌고 타수도 좀체 늘지 않았다. 그렇게 힘들어하던 중에 새로운 코치를 만났는데, 그 코치는 기술을 가르치지 않고 다음과 같은 말만 되풀이했다.

"벙커나 연못에 빠지면 안 된다고 생각하지 말고, 내 공이 똑바로 홀컵에 들어간다고만 생각하세요."

이 골프 선수는 코치의 말대로 오직 '내 공이 홀컵으로 들어간다'는 생각에만 집중하는 연습을 한 결과, 한 달 만에 타수가 10타나 줄었다. 사실 우리도 이와 유사한 생각을 많이 한다. 예를 들면 다음과 같다.

시험에 떨어지면 안 돼 / 발표할 때 떨면 안 돼 / 이번 사업에 실패하면 안 돼 / 그를 두려워하면 안 돼 / 애들아, 떠들지 마 / 애들아, 어지르지 마 / 집이 안 팔리면 어떡하지 / 취직이 안 되면 어떡하지……

우리는 습관적으로 이 골프 선수와 유사한 생각을 계속한다. 그리고 그 결과로 현실은 조금도 변하지 않는다. 우리의 무의식은 부정어를 잘 인식하지 못한다. 무의식의 관점에서 이런 생각들은 마치 "빨간 미니스커트를 절대로 생각하지 마세요"라고 말하는 것과 같다. 애초에 생각지도 않았던 빨간 미니스커트가 머릿속에서 떠나지 않게 되는 것이다.

위의 말들을 이 규칙에 맞게, 즉 긍정적인 말로 바꾼다면 다음과 같다.

시험에 붙는다 / 발표할 때 침착하다 / 이번 사업에 성공한다 / 그에게 당당하다 / 애들아, 조용히 하렴 / 애들아, 정리정돈을 잘하렴 / 집이 잘 팔린다 / 취직이 잘된다

확언의 규칙을 어기면 이렇게 된다.

주문진의 어느 편의점에 붙어 있던 문구이다. 이걸 붙인 사람은 확언을 좀 아는 듯하다.

3 현재 당신의 믿음으로 가능성이 있는 것을 확언하라

앞서 말한 고시생 내담자의 벤츠 자동차처럼, 스스로 된다고 믿지도 않는 것을 확언해서는 실현이 잘 되지 않는다. 게다가 너무 높고 커서 실현 가능성이 없는 목표를 확언하면 오히려 무의식에서 엄청난 저항이 생길 수도 있다. 필자도 과거에 경제적으로 힘든 상황에서, 이 힘든 상황을 해결하고자 하는 당위적인 욕심이 앞서서 믿기지도 않는 액수의 소득이 생긴다고 확언했던 적이 있다. 하지만 하면 할수록 오히려 더 힘이 들었고, 확언을 할 때마다 마치 흠뻑 젖은 겨울 솜이불을 옮기는 것처럼 진이 빠져서 마침내는 무기력하게 포기해버렸다.

확언은 분명히 실현된다. 하지만 효과가 큰 만큼 잘못할 때의 부작용도 크다. 예컨대, 나를 찾아왔던 한 내담자는 과거의 부정적 상처를 지우지 못한 채로 "매출이 두 배가 된다"고 무조건 확언하다가 오히려 숨겨져 있던 과거의 아픔이 떠올라 매출이 절반으로 뚝 떨어졌다며 심신의 괴로움을 토로하기도 했다. 이 내담자는 EFT를 적용하고 새로이 적당한 확언을 시작한 후에 건강과 사업을 모두 회복할 수 있었다.

따라서 일단은 실현 가능성이 있을 정도의 목표를 확언으로 설정하는 것이 좋다. 대체로 월 소득이라면 1.5~2배 정도를 첫 기준으로 잡는데, 개인차가 있으므로 자신의 느낌에 맞게 설정하는 것이 정답이라고 할 수 있다. 이렇게 1단계의 확언이 실현되면 점차 더 높은 목표를 설정해가면 된다.

4 목표는 현실과 적당한 거리가 있어서 흥분될 정도여야 한다

앞에서 확언은 실현 가능성이 있어야 한다고 했는데, 그렇다고 목표를 너무 작게 설정하면 확언의 흥분감이나 동기유발의 요소가 떨어진다. 예를 들어 한 달 소득이 3백만 원인 사람이 "한 달에 310만원을 번다"고 확언하면 어떤가? 너무 미미해서 하나마나이지 않은가? 반대로 "한 달에 5백만 원을 번다"고 확언하면 어떤가? 뭔가 좀 흥분되지 않은가? 바로 이 느낌이다. 확언은 실현 가능성과 흥분감이 모두 있어야만 한다.

5 확언은 일인칭으로 진술하라

확언은 나를 주어로 삼아야 한다. "천상천하유아독존天上天下唯我獨尊"이라는 석가모니의 가르침은 확언을 일인칭으로 해야 하는 이유를 잘 설명해준다. 우리는 각자가 모두 세상의 주체이다. 이 세상은 그 누구의 것도 아닌 내 마음에 비친 내 세상이고, 이 세상의 주인도 나이며, 이 세상을 바꿀 수 있는 것도 오직 나일 뿐이다.

자, 다음 문장들을 소리 내어 읽어보라.

그가 나를 사랑한다 / 애들이 내 말을 잘 듣는다 / 엄마가 용돈을 잘 준다 / 환자들이 잘 낫는다

이제 다음 문장들을 읽어보라.

나는 그의 사랑을 받는다 / 나는 아이들이 잘 따르게 말한다 / 나는 엄마에게 용돈을 잘 얻는다 / 나는 환자들을 잘 낫게 한다

뭔가 다르지 않은가? 내가 주어가 되니 이제부터는 내가 '세상의 결과'가 아니라 '세상의 원인'이 되는 느낌이 들지 않는가? 이렇게 내가 주어가 되는 말은 이 세상에서 나의 주인됨을 표현하고 실현하게 해준다.

6 확언은 현재형으로 진술하라

시간은 강물과 같다. 흘러간 과거는 돌아오지 않고, 흘러올 미래는 아직 오지 않았다. 우리는 오직 현재라는 강물에만 발을 담글 수 있다. 우리가 변화를 줄 수 있는 시간과 공간은 오직 '지금 여기'뿐이다. 현재가 바뀌면 미래는 자연히 바뀐다. 우리에게 필요한 변화는 바로 지금 여기에서 일어나야 한다. 그래서 확언은 현재형이어야 한다.

다음 문장들을 소리 내어 읽어보라.

나는 행복해질 것이다 / 나는 건강해질 것이다 / 나는 풍요로워질 것이다 / 나는 예뻐질 것이다 / 나는 자신감이 생길 것이다 / 나는 편안해질 것이다 / 나는 성공할 것이다 / 나는 매달 4천만 원을 벌 것이다

이제 다음 문장들을 다시 소리 내어 읽어보라.

나는 행복하다 / 나는 건강하다 / 나는 풍요롭다 / 나는 예쁘다 / 나

는 자신감이 있다 / 나는 편안하다 / 나는 성공한다 / 나는 매달 4천
만 원을 번다

어떤가? 차이가 몸으로 느껴지는가? 어느 확언이 강한 느낌을 주는
가? 어떤 확언들이 더 확실히 실현되겠는가? 바로 그렇다. 현재형으로
서술된 확언들이다.

7 확언과 생생한 상상(day-dreaming)을 결합하라

단순히 말뿐인 확언은 효과가 약하다. 확언의 내용이 실현되었을 때
의 모습을 생생하게 상상해야 한다. 예를 들어 월 소득이 3백만 원인 30
대 유부남이 "나는 매달 6백만 원을 번다"고 확언하고 있다고 치자. 그는
매일 수시로 "6백만 원"을 되뇐다.

"6백만 원, 6백만 원, 6백만 원, 6백만 원, 6백만 원, 6백만 원, 6백만
원, 6백만 원, 6백만 원, 6백만 원, 6백만 원, 6백만 원, 6백만 원,
......"

이 사람이 그냥 이렇게만 한다면 얼마 못 가서 지쳐 나가떨어질 가능
성이 높다. 하지만 여기에 약간의 상상을 더해보자. 이 사람이 월 소득이
6백만 원이 된다면 현실은 어떻게 달라질까?

30평에서 더 넓어진 40평대 새 아파트로 이사 / 넓고 깨끗한 아파트

가 너무나 편안하다 / 화장실도 두 개가 되어 아침에 가족들과 다툴 일이 없어졌다 / 차는 낡은 소나타에서 제네시스로 바뀌었다 / 차가 조용하고 힘이 좋아서 고속도로에서 다른 차를 제치는 재미가 쏠쏠하다 / 새 차의 가죽 시트 냄새가 오히려 향기롭다 / 주말마다 새 차를 타고 교외로 나가 외식을 한다 / 임진각의 장어 전문 식당은 숯불 장어의 맛이 좋고 주변 경치도 끝내준다 / 그곳에서 동료들과 회식을 하면서 호기롭게 한턱낸다 / 그동안 군침만 흘렸던 MBS센터의 자기 계발 강의를 들었더니 소득이 또다시 두 배로 늘 것만 같다 ……

어떤가? '월 소득 6백만 원'의 느낌이 생생해지지 않는가? 바로 이것이 상상이 우리에게 미치는 효과이다. 확언은 포장이고 상상은 내용물이다. 상상 없는 확언은 앙꼬 없는 찐빵이다.

"원하는 것을 확언하고, 확언이 실현된 상황을 생생하게 상상하라."

8 타인을 확언의 대상으로 삼지 말라

누군가 나에게 잘못을 하였다고 해서 그 사람이 잘못되기를 바라는 것은 좋지 않다. 설사 히틀러와 같은 살인마라 하더라도 "그가 천벌을 받는다"는 식으로 확언하는 것은 좋지 않다. 《노자》에는 "하늘의 그물, 즉 인과의 법칙은 성글게 보여도 놓치는 법이 없다 天網恢恢, 疎而不失"라는 구절이 나온다. 우리가 베푼 모든 것은 우리에게 전부 돌아오는 법이다. 사랑을 보내면 사랑을 받고, 증오를 보내면 증오를 받는다. 사람들은 모두 저마다의 경험 세계 속에 살고 있으므로, 우리가 그들의 세상에 개입하는 것은 불가능하며 옳지도 않다.

한 예로, 미모의 여성이 유부남과 사랑에 빠져서 "나는 그 남자와 결혼한다"라고 확언을 했다. 그 결과 얼마 후 그는 정말로 아내와 헤어지고 이 여성에게 청혼을 해왔다. 하지만 채 1년도 못 되어 그 둘은 사이가 벌어져 결국 이혼하게 되었다. 결과적으로 그녀는 잘못된 확언으로 인해 더 불행해진 것이다. 이처럼 아무리 정당한 이유가 있더라도, 또는 아무리 욕심이 나더라도 타인을 대상으로 확언을 하는 것은 좋지 않은 결과를 낳는다.

9 확언은 자신만 알도록 하라

세상은 불행히도 상상과 꿈에 대해 종종 너무 무지하다. 심지어는 가혹한 비난과 조롱을 퍼붓기도 한다. 내 꿈을 이해하지 못하는 사람들에게 확언을 말해주면, 그들은 "꿈 깨라"고 무시하기 일쑤이고 그러다 보면 도리어 내 마음까지 흔들리기 쉽다. 게다가 우리의 내면에 간직한 목표나 꿈은 침묵 속에서 더욱 더 강력해지는 경우가 많다.

반면에 회사나 부부와 같이 꿈과 목표를 공유해야 하는 경우에는 확언을 공유하면 오히려 그 효과가 강해질 수 있다. 그러므로 확언은 기본적으로 나만 알도록 하되 상황에 따라 공유할 수도 있는 것이다.

10 적절한 수식어를 사용하여 확언에 감칠맛을 더하라

확언은 광고 카피와 같다. 확언은 내가 나에게 보내는 광고 카피다. 나는 확언을 만드는 광고업자이기도 하고, 동시에 이 광고를 보고 듣는 소비자이기도 하다. 아무리 내가 만든 광고라도 재미없고 지루하면 안 보게 된다. 내가 나를 확언이라는 광고로 잘 꼬드겨야 상품(내 목표)을 사게(달성할 수 있게) 만들 수 있다. 그러므로 이제 여기서는 확언이라는 광고에 '감칠맛'을 더하여 확 잡아끄는 방법을 논의해보자.

자, 지금 여기에 아빠와 말만 하면 다툼이 생겨서 매번 속상하고 불편한 어여쁜 아가씨가 있다고 하자. 이 아가씨의 아버지는 딸이 무슨 말을 하건 집중하지도 않고, 엉뚱한 말에 어깃장을 놓기 일쑤다. 그래서 이 아가씨는 문제를 해결하기 위해서 다음과 같은 확언을 했다.

ㅡ"나는 아빠에게 내 말의 요지가 잘 전달되게 대화한다."

이 확언은 이 자체로 훌륭하고 규칙에도 다 맞다. 하지만 좀 더 먹음직하게 양념을 할 수 없을까?

ㅡ"나는 아빠에게 내 말의 요지가 잘 전달되게 유머 있게 대화한다."

"유머 있게"가 들어가니 뭔가 부녀간의 대화가 더 편안하고 웃음이 나올 것 같다. 확실히 위 확언보다는 '땡기는' 맛이 더 있지 않은가?

ㅡ"나는 아빠와 소통이 잘되어 행복하고 편안하고 즐겁다."

이것은 어떤가? 좀 더 간결해졌고, 확언이 달성되었을 때 몸과 마음으로 느끼게 될 상황이 형용사로 표현되어 더 생생하게 다가오지 않는가? 이렇게 적절한 수식어가 들어가면 훨씬 더 효과 있는 확언을 만들 수 있다.

돈에 관한 확언을 하나 더 예로 들어보자.

- 나는 매달 천만 원을 번다.
- 나는 매달 쉽게 천만 원을 번다.
- 나는 매달 쉽고 즐겁게 천만 원을 번다.
- 나는 매달 쉽고 즐겁고 여유롭게 천만 원을 번다.
- 나는 매달 술술 여유롭게 천만 원을 번다.

어떤가? 수식어가 들어감으로써 확언이 더 살아나지 않는가? 이렇게 확언을 살려주는 양념 역할을 하는 수식어는 다음과 같다.

편안하게 / 술술 / 즐겁게 / 독창적으로 / 창조적으로 / 안전하게 / 잘 / 즐기면서 / 여유롭게 / 편안하게 / 느긋하게 / 재미있게

11 확언이 실현되는 방법에 관해서는 생각하지 말라

지금 현재 내 관점에서는 이 상황을 해결할 수 있는 방법이 보이지 않는다. '어떻게'를 많이 생각할수록 해결책이 없다는 사실을 더 확인하게 되어 좌절감만 늘게 된다. 그저 느긋하고 무심하게 내가 원하는 상황에 이미 가 있는 것처럼 확언하고 상상하다보면 해결책이 자연스럽게 나

타나거나 떠오르게 된다. 이에 관한 자세한 내용은 '안테나 이론'에서 다룰 것이다.

12 확언과 EFT를 결합하라

확언을 하다보면 종종 확언에 저항하는 '꼬리말'이 생기기 마련이다. 이런 꼬리말을 EFT로 해결하는 법에 관해서는 PART 4에서 자세히 다룰 것이다. EFT 타점을 두드리면서 확언과 상상을 하면, 심신이 쉽게 이완되면서 내면에 깔린 긴장감, 두려움, 의심 등이 사라지므로 확언과 상상이 무의식에 더 쉽게 각인된다. 이때에는 부정적인 문제를 진술하는 수용확언은 필요 없으므로, 준비 단계를 생략하고 바로 '연속 두드리기'만 하면서 연상어구 대신에 확언을 말하면 된다. EFT의 자세한 기법에 관해서는 《5분의 기적 EFT》를 참고하라.

확언을 만드는 규칙 정리

1. 삶의 목표나 요구에 부합해야 한다. 당위적인 것은 안 된다.
2. '원하는 것'을 확언하고 '원하지 않는 것'을 확언하지 말라.
3. 현재 당신의 믿음으로 가능성이 있는 것을 확언하라.
4. 목표는 현실과 적당한 거리가 있어서 흥분될 정도여야 한다.
5. 확언은 일인칭으로 진술하라.
6. 확언은 현재형으로 진술하라.

7. 확언과 생생한 상상을 결합하라.

8. 타인을 확언의 대상으로 삼지 말라.

9. 확언은 자신만 알도록 하라.

10. 적절한 수식어를 사용하여 확언에 감칠맛을 더하라.

11. 확언이 실현되는 방법에 관해서는 생각하지 말라.

12. 확언과 EFT를 결합하라.

03

현실과의 괴리를 없애는
선택확언

선택확언은 EFT 마스터이자 심리학 박사인 팻 캐링턴이 만든 것으로 기존 확언의 단점을 보완한 것이다. 팻 캐링턴은 오랫동안 전통 확언을 사용하면서 많은 어려움과 실패를 경험했다고 한다. 그녀는 선택확언을 만든 이유에 대해서 다음과 같이 말한다.

「기존 확언의 형식을 약간 변형시켜서 만든 선택확언이 나를 비롯한 많은 사람들에게 인생의 큰 전환점이 되었다. 확언은 나에게 과거 13년간 심리 치료의 가장 기본적이고 강력한 도구였다. 내가 경험한 바로는 전통적인 확언이 내가 만든 선택확언보다 덜 효과적이었다. 내가 보기에는 지금 당장 "나는 _____하다", "나는 _____이다"라고 선언하는 것이 현실과의 괴리를 더 크게 일깨워서, 오히려 이 자체가 꼬리말이 되는 것 같았다. 물론 반드시 이러한 이유로 꼬리말이 생기는 것은 아니지만, 어쨌든 그럴 바에야 차라리 더 안전하고 편안한 방법을 쓰는 것이 낫다고 생각했다. 실제로 많은 경우에 선택확언을 쓰는 것이 일반 사람들에게는 더욱 나은 방법임을 임상에서 확인하고 있다.」

그럼 일반적 확언과 선택확언의 차이를 설명해보자. 우선 다음의 확언을 한번 소리 내어 읽어보라.

나는 아름답다 / 나는 건강과 활력이 넘친다 / 나는 항상 경제적으로 풍요롭다 / 나는 항상 성공한다

그다음 '정말이야?'라고 자문해보라. 어떤가? 대부분의 사람들이 대답이 막혀서 잘 안 나올 것이다.

이제 이것을 선택확언으로 바꾸어 소리 내어 읽어보라.

나는 아름다워지기를 선택한다 / 나는 건강과 활력이 넘치는 것을 선택한다 / 나는 항상 경제적으로 풍요로워지기를 선택한다 / 나는 항상 성공하기를 선택한다

이제 다시 '정말이야?'라고 자문해보라. 어떤가? 모든 사람이 쉽게 '응'이라고 답하게 될 것이다. 바로 이것이다. 우리의 무의식은 거짓말을 하지 못하므로, 현재형으로 진술되는 전통 확언에 종종 괴리감을 느껴 저항하게 된다. 그 결과 확언이 잘 실현되지 않거나 오히려 역효과가 나는 경우도 생긴다. 선택확언은 이런 장애를 만들지 않으므로 누구나 쉽게 응용할 수 있다.

선택확언은 꼬리말 – 무의식의 저항 – 이 생기지 않는다.

선택확언을 만드는 방식은 앞서 본 대로 전통 확언의 형식에 "선택한

다"라는 말만 덧붙이면 된다. 필자는 내담자들에게 초기에는 선택확언을 위주로 사용하다가 점차 꼬리말과 부정적 감정이 줄어들면 전통 확언을 사용하도록 유도하고 있다. 전통 확언이 괴리감을 주기도 하지만, 반대로 더 강한 현실감을 주기도 하므로 전통 확언이 선택확언보다 더 빠르고 강력하게 작용하는 장점도 있다.

실습 **다음 긍정확언을 선택확언으로 바꿔보자.**

긍정확언	선택확언으로 만든 예들
1 나는 행복하다.	1 나는 행복해지는 것을 선택한다.
2 나는 건강과 활력의 상징이다.	2 나는 건강과 활력의 상징이 되는 것을 선택한다.
3 나는 매달 _____를 번다.	3 나는 매달 _____를 버는 것을 선택한다.
4 나는 나를 믿는다.	4 나는 나를 믿는 것을 선택한다.
5 나는 베스트셀러 작가이다.	5 나는 베스트셀러 작가가 되기를 선택한다.

04

무의식의 저항을 없애는 의문확언

의문확언도 선택확언처럼 전통 확언의 단점을 극복하는 과정에서 나온 확언 형식이다. 현재 수입이 3백만 원인 갑식은 "나는 매달 5백만 원을 번다"라고 확언하기 시작했다. 취침 전과 기상 시에 매일 5분씩 확언을 하고 일과 중에도 틈틈이 확언을 했다. 그렇게 두 달이 지났지만 아직 큰 변화는 일어나지 않았다. 그러면서 갑식은 다음과 같이 무심코 자문하기 시작했다.

왜 아직 안 되지? / 이게 어떻게 되지? / 왜 내 마음은 조절이 안 되지? / 도대체 왜 이렇게 마음이 흔들리지? / 왜 나는 되는 것이 없지? / 왜 이렇게 확언은 어렵지? / 왜 나는 항상 이렇지?

이런 질문들을 하기 시작하자 갑식의 마음은 더욱더 흔들리고, 결국은 확언 자체를 포기하고 원래의 삶으로 돌아가버리게 되었다. 실제로 확언을 하다 보면 많은 사람들이 이 과정을 경험하게 된다. 인간의 사고 과정이란 한마디로 질문을 하고 질문에 대한 답을 찾는 과정이라고 할 수 있다. 사고 과정이 이렇게 질문을 하고 이 질문에 대한 답을 찾는 과정이라면, 왜 믿어지지도 않는 확언을 해서 원하지 않는 것에 대한 질문을 하고 그 결과 그런 답을 받을 필요가 있을까?

앞서 본 대로 확언을 하더라도 질문이 바뀌지 않으면 안 된다. 게다가 우리의 마음은 질문을 받으면 자동적으로 이에 대한 답을 찾기 시작한다. 그렇다면 우리가 믿지도 못하는 확언을 하느니 차라리 우리의 삶을 변화시킬 질문을 던지는 것이 어떤가! 한마디로 말해서 우리가 원하는 답을 주는 질문을 먼저 던지는 것이다.

- 뿌린 대로 거두리라.
- 구하라, 그러면 얻을지니라.
- 질문 속에 답이 있다.

좌절 질문	성공 질문
1 왜 나는 돈이 충분하지 않지?	1 왜 나는 점점 돈이 충분해지지?
2 왜 나는 외롭지?	2 왜 나는 점점 사랑받지?
3 왜 나는 이렇게 항상 패배하지?	3 왜 나는 이렇게 갈수록 승리하지?
4 왜 나는 제대로 하는 것이 없지?	4 왜 나는 갈수록 만사가 잘되지?

위 표의 좌절 질문들을 소리 내어 읽어보라. 기분이 어떠한가? 아마도 답답해지고 짜증이 나고 살기 싫어질 것이다. 이제 오른쪽의 성공 질문들을 소리 내어 읽어보라. 힘이 나고 뭔가 될 것 같지 않은가? 동일한 상황에서 좌우의 어느 질문을 하느냐에 따라 그 순간 우리의 인생은 180

도 변화하기 시작한다. 이것이 바로 질문의 힘이다. 이제 성공 질문으로 인생을 바꿔보자.

의문확언은 꼬리말, 무의식의 저항이 생기지 않는 탁월한 확언 형식이다.

그럼 의문확언을 만드는 공식에 대해서 알아보기로 하자.

1. 원하는 것을 확정하라.

예) 나는 행복하고 건강하고 성공하기를 바란다.

2. 당신이 원하는 것을 이미 진실로 달성된 것으로 가정하고 의문형으로 만들라.

예) 왜 나는 행복하고 건강하고 성공하지?

이때 필요하다면 '갈수록'이나 '점점'과 같은 수식어를 잘 활용하여 확언의 현실감을 더하라.

예) 왜 나는 점점 행복하고 건강하고 성공하게 되지?

3. 이제 나머지는 무의식에 모두 내맡기고 이런 과정 전체를 즐겨라.

마음은 구글 검색기와 같다. 우리가 의문형 확언을 던지자마자 우리의 마음은 의식적으로 노력하지 않아도 자동으로 해답을 찾기 시작한다. 의문형 확언으로 우리가 원하는 것이 이미 진실로 달성된 듯한 가정을 하게 되면, 우리의 마음은 우리의 소망을 실현시킬 방법을 찾는 방향으로 작동하기 시작한다. 그저 원하는 것이 이미 된 듯 질문하라. 그러면 소원은 자연스럽게 달성될 것이다. 이제 이 모든 과정을 즐기는 일만 남았다.

실습 **질문이 바뀌면 답도 바뀐다.**

이제 공식을 배웠으니 직접 여러분들의 의문확언을 만들어보자. 먼저 아래 표의 왼쪽 칸에 내가 평소에 자주 하는 좌절 질문을 다섯 개 정도 써보라. 그다음 위의 표와 공식을 참고하여 성공 질문으로 바꾸어보라. 그리고 이제부터는 왼쪽 칸의 좌절 질문이 떠오르는 상황에 처할 때마다 새로 만든 성공 질문으로 바꾸어보라. 이제 새로운 인생의 답을 얻을 것이다. 벌써 인생이 바뀔 것 같은 기분이 들지 않는가?

나의 좌절 질문	성공 질문
1	
2	
3	
4	
5	

의문확언과 함께한 3박 4일의 휴가

의문확언을 생각하면 항상 생각나는 사람이 있다. 필자와 같이 일하는 유재춘 라이프 코치로, 일상 속에서 확언을 잘 사용하여 원하는 인생을 살아가는 사람이다. 필자의 주변에는 이렇게 확언을 통해 의도적으로 인생을 창조하는 사람들이 많다. 어느 날 필자는 유재춘 코치에게 의문확언을 말해주었고, 유재춘 코치는 나중에 꼭 써보겠다고 약속했다.

그 뒤 유 코치가 아내와 아이를 동반하여 뒤늦은 휴가를 떠나게 되었다. 말레이시아의 코타키나발루에서 보내게 될 3박 4일. 그런데 아뿔싸, 저녁에 도착한 그곳에는 비가 추적추적 내리고 있었고, 담당 가이드는 지금이 우기라고 말하는 것이 아닌가! 이에 약간 심기가 불편해진 유 코치가 가이드에게 "몇 달 전에 예약할 때는 왜 우기라고 미리 말해주지 않았냐?"고 항의도 해보았지만 서로 별 수가 있을 리가 없었다.

그러다 잠시 후에 유 코치는 '일어난 상황에 습관적으로 반응하지 말고, 원하는 것을 의도적으로 창조하라'는 확언의 핵심을 상기하고, 이 상황을 원하는 상태로 바꾸기로 마음먹었다. 그래서 그는 '왜 나는 따뜻한 햇볕 아래에서 이렇게 즐겁게 수영을 하지?'라고 몇 분간 확언을 했다. 그러다 보니 마음이 가라앉아서 편하게 잠자리에 들었다. 다음 날 아침, 여전히 궂은 날씨를 확인한 유 코치는 호텔 식당에서 식사를 하고 방으로 돌아왔다. 그런데 그새 날이 개어 놀랍게도 해가 비치는 것이 아닌가! 그는 아침 식사 후 두 시간 정도를 정말 상상했던 모습대로 수영을 즐길 수 있었고, 오후가 되자 다시 우기답게 비가 오기 시작했다. 이렇게 첫 확언이 실현되었다.

그다음 날에는 오후 내내 날씨가 제법 화창해서, 비치파라솔 아래에서 독서와 수영을 맘껏 즐길 수 있었다. 그때 유 코치의 아내는 '이곳은 저녁노을이 진짜 아름다운데, 구름 때문에 괜찮을까?' 생각하다가, '나는 왜 이렇게 아름다운 저녁놀을 보지?'라는 확언을 몇 분간 되뇌고 나서 다시 수영과 독서를 계속했다. 그리고 수영을 끝낸 유 코치가 먼저 샤워장으로 간 찰나, 서쪽 하늘의 구름이 갈라지면서 혼자 보기 아까운 노을이 나타났고, 유 코치의 아내는 휴대 전화로 멋진 기념사진을 찍을 수 있었다. 이렇게 이틀째에는 두 번째 확언이 실현되었다.

유 코치의 아내는 출발하기 전에 이곳에서 기념품으로 열대 가리비 조개껍데기를 사고 싶어 했다. 그래서 돌아오기 바로 전날에 주변 시장을 열심히 돌아다녔지만, 아무리 찾아도 맘에 드는 것이 없어 아쉬운 대로 적당히 하나를 골랐다. 하지만 만족스럽지가 않아서 '나는 왜 이렇게 아름다운 가리비를 찾게 되지?'라는 확언을 하면서 마음을 달랬다. 그다음 날 출발지 공항에 도착해서 수속을 마치고 나니, 시간에 여유가 있어 유 코치의 아내는 무심코 발길 가는 대로 몇 군데의 공항 면세점에 들어가게 되었고, 그중 한 곳에서 정말 마음에 드는 가리비를 발견한 것이 아닌가! 하루에 하나씩 세 개의 확언이 연달아 실현된 것이다.

유 코치의 아내가 공항에서 찾은
조개껍데기다.

05

앞에서 반드시 확언과 상상을 결합하라고 했는데, 상상은 확언에서 정말 중요한 요소다. 다시 한 번 아래의 사항들을 강조하고 싶다.

- 확언은 포장이고, 상상은 내용물이다.
- 따라서 상상 없는 확언은 속 빈 포장에 불과하다.
- 상상 없는 확언은 앙꼬 빠진 찐빵과 같다.

상상의 가치가 얼마나 중요한지 독자 여러분들도 납득할 것이다. 그럼 이제 확언과 관련해 상상은 구체적으로 무엇인지, 어떻게 하는지, 왜 중요한지 등에 대해 알아보기로 하자.

상상은 결코 자유가 아니다

"오늘 나의 모습은 어제의 상상이 맺은 결과이고, 지금 나의 상상은 내일 나의 모습이다."

"현재를 바꾸고 싶으면 나의 상상을 바꾸어라."

"우리는 상상의 자유만큼만 자유롭다."

필자는 심리 치료를 전문적으로 하다 보니 대인공포증, 공황장애, 우울증, 강박신경증, 망상증 등의 각종 증상을 가진 환자들을 일상적으로 본다. 그런데 이런 환자들의 공통적 특징은 '부정적 상상'의 천재라는 점이다. 그들이 하는 상상의 예를 들면 다음과 같다.

사례1) 스물다섯 살, 여자, 대인공포증으로 5년째 두문불출하고 있음
 – 모든 사람이 나를 이상하게 쳐다본다 / 내 눈빛은 이상하다 / 내 몸에서 냄새가 나서 사람들이 피한다 / 내 목소리는 이상하다

사례2) 스물다섯 살, 남자, 대인공포증으로 일상적 대화나 면접이 불가능함
 – 타인 앞에서 말이 안 나와서 당황한다 / 타인 앞에서 말이 막힌다 / 다른 사람이 나를 싫어하고 피한다 / 타인의 눈빛이 두렵다 / 사람들이 나를 무시한다

사례3) 서른다섯 살, 여자, 대인공포증과 공황장애로 열 달 동안 혼자서 집 밖을 나가지 못함
 – 엘리베이터를 타면 죽을 것 같다 / 혼자 운전하면 죽을 것 같다 / 비행기를 타면 죽을 것 같다 / 혼자 있으면 죽을 것 같다

이상의 예에서 보듯, 이 내담자들은 자기가 만든 상상을 너무나 생생하게 느껴서 거기에서 빠져나오지 못하고, 현실이 아닌 환상을 종일 실제처럼 경험하다 보니 모든 것이 두려워져 일상생활조차 못하게 되었다. 더욱 놀라운 사실은 이들에게 정반대로 긍정적인 상상을 해보라고 하면, 전혀 못하거나 하더라도 상상이 너무 희미하다는 점이다. 그런데 이런 내담자들에게 EFT를 적용하면(PART 4 참고), 점차 이런 부정적 상상이 희미해지면서 긍정적 상상이 가능해진다. 때로는 역으로 처음부터 긍정적인 상상만 훈련시켜도, 상상이 바뀌는 만큼 그들의 증상도 변화되고 사라진다.

그럼 심리적인 문제가 없는 보통 사람들은 어떨까? 필자는 라이프 코칭을 하면서, 여러 가지 인생의 문제를 가진 사람들도 많이 만난다. 그럼 그들의 상상은 어떠했을까?

- 경제적으로 궁핍한 사람들은 돈이 없어서 힘든 것만 상상하고 있었다.
- 사업이 안되는 사람들은 사업이 힘들어지는 것만 상상하고 있었다.
- 사는 재미가 없다는 사람들은 재미없고 지루한 것만 상상하고 있었다.
- 자주 실연당하는 사람들은 사랑하는 사람이 떠나가는 것만 상상하고 있었다.
- 중고생 자식들 때문에 찾아온 부모들은 항상 아이들의 잘못된 점만 상상하고 있었다.
- 매일 다투는 부부들은 항상 상대방의 잘못된 행동과 성격만 상상하고 있었다.

이들에게도 마찬가지로 반대되는 긍정적 상황을 상상해보라고 하면, 다들 다음과 같이 대답하곤 했다.

잘 안 돼요 / 아예 안 돼요 / 상상하려고 하면 긴장돼요 / 상상이 너무 희미해요

이들도 심리적 문제를 겪는 사람들과 똑같이 부정적 상상에 빠진 사람들이었고, 부정적 상상에는 천재적인 능력을 발휘하고 있었지만, 긍정적 상상에는 완전히 낙제점을 받은 사람들이었다. 하지만 이들에게도 EFT를 적용하니 부정적 상상이 사라졌고, 의도적으로 확언을 활용하게 가르치니 점차 긍정적 상상을 할 수 있는 능력이 생기면서 그만큼 인생이 변화되었다.

이상의 내용을 다음과 같이 정리해볼 수 있다.

상상은 결코 자유가 아니다.
우리는 상상 속에서도 결코 자유롭지 않다.
나의 상상은 현 상황을 반영하고 규정하고 있다.
상황이 바뀌면 상상도 바뀐다.
역으로 상상이 바뀌면 상황도 바뀐다.
따라서 의도적인 상상으로 원하는 현실을 만들어라.

상상은 가능성可能城의 모든 문을 여는 열쇠가 된다

어렸을 때 나는 상상의 대가였다. 아니, 어렸을 때에는 우리 모두가 상상의 대가였다. 우리의 상상에는 어떤 한계도 없었다. 나는 라면 박스로 날개를 만들어 담벼락 위에서 뛰어내리면서 날아가는 상상을 하고 실제로 뛰어내리기도 했다. 나는 로봇 왕국의 천재 과학자이기도 했고, 슈퍼맨이 되어 초능력을 발휘하기도 했고, 이소룡과 같은 무술의 달인이 되기도 했다. 이러한 상상의 세계에서 나는, 아니 우리는 얼마나 행복했던가! 얼마나 무한한 능력을 발휘했던가! 어렸을 적 나의 상상의 세계에서는 '한계'나 '안 돼'라는 말 자체가 없었다. 그러던 어느 날 슬프게도 나의 가능성에 조금씩 이런 벽글씨가 적히기 시작했다.

- 꿈 깨.
- 너의 분수를 알아라.
- 꿈이 밥 먹여주나?
- 정신 차려.
- 꿈은 꿈이고 현실은 현실이다.

그러자 우리들 대부분은 이런 말들을 무심코 받아들여서 우리의 가능성에 가장 크게 붉은 글씨로 벽글씨를 새겨 넣기 시작했다. 상상력이 사라진 우리는 너무나 초라하고 슬픈 존재가 되었다. 왜? 상상은 가능성의 모든 문을 여는 만능열쇠이기 때문이다. 이제 녹슨 상상을 꺼내어 다시 기름칠을 하고 잘 활용하도록 하자. 이제부터 의도적인 상상을 통해 우리는 우리가 원하는 세계로 갈 수 있게 될 것이다.

상상은 가능성의 모든 문을 여는 만능열쇠이다.

먼저 다음 글을 천천히 읽으면서 지시에 따라 하나씩 상상해보라.

「아주 신선하지만 너무나 시어 보이는 귤 하나를 상상하라. 그것을 손에 놓아보라. 살살 만져보고 쓰다듬어보라. 느낌이 어떤가? 말랑말랑한가? 표면의 우둘투둘함도 느껴지는가? 무게감은 어떤가? 귤의 감촉을 좀 더 느껴보라. 귤의 색은 어떤가? 그냥 노란색인가? 아니면 약간의 푸른색도 도는가? 이제 이 귤을 코에 대보자. 귤의 향이 나는가? 잠시 향을 음미하라. 이제 이 귤을 절반으로 잘라보라. 잘린 귤 속의 무늬가 보이는가? 이 순간을 잠시 음미하도록 하자. 잠시만 더……. 잠시만 더……. 잠시만 더………….

이제 이 신선하고 아주 시큼한 귤을 콱 깨물어라. 사정 보지 말고 한 입 콱 깨문 다음 잘근잘근 씹어보라. 한 번 더 강조하건대 그냥 콱 깨물어서 잘근잘근 씹어보라. 더 오래 씹어보라. 입안에 도는 신 귤의 맛을 혀를 굴려가면서 느껴보라. 자, 이제 눈을 떠서 입안이 어떤지를 확인해보라.」

필자의 지시를 잘 따른 대부분의 독자들은 입안에 다소 침이 고였음을 알아차렸을 것이다. 바로 이것이다. 귤이 없지만 우리의 뇌는 마치 신 귤을 실제로 먹고 있다고 느끼면서 침까지 흘리고 있는 것이다.

뇌는 생생한 상상과 현실을 구분하지 못한다

따라서 이 원리로 우리는 원하는 것을 의도적으로 생생하게 상상함으로써 그것을 달성할 수 있게 마음의 조건을 재구성할 수 있다. 그럼 도대체 생생한 상상이 어떻게 우리가 원하는 것을 이루게 한다는 말인가? 이에 관한 답변을 하기 전에 먼저 《삼국지》에 나오는 조조의 일화를 살펴보자.

「조조가 전쟁에 패한 뒤 군사를 이끌고 도망치던 시기였다. 뒤에서 적군들은 쫓아오고, 이미 싸움에는 지쳤고, 설상가상으로 타는 듯한 날씨에 물도 다 떨어졌는데다가 가파른 언덕까지 오르게 되자 많은 수의 군사들이 낙오하기 시작했다. 이대로 가면 그나마 남은 군대를 모두 잃을 것 같은 위기 상황에서 갑자기 조조가 "저 언덕 너머에 살구밭이 있다"고 군사들에게 외쳤다. 그러자 머릿속으로 살구를 상상한 병사들의 입에는 침이 고였고, 맛있는 살구를 먹을 생각에 다들 힘을 내어 언덕을 넘었다. 그런데 그렇게 힘차게 언덕을 넘어 내려갔는데도 살구는커녕 그저 논밭만 보이는 것이 아닌가! 조조는 지친 병사들이 언덕을 쉽게 넘어가도록 살구밭이 있다는 거짓말을 했던 것이다.」

바로 여기서 상상이 어떻게 원하는 현실로 우리를 데려가는지 잘 알 수 있다. 병사들이 살구를 생각하기 전까지는 가파른 언덕밖에 보이지 않았다. 하지만 살구를 상상하는 순간, 언덕이 아니라 건너편의 살구 밭에서 편안하게 살구를 먹는 모습을 상상하게 되었고, 그 결과 그 순간의 객관적인 고통들은 모두 사라졌다. 바로 이 점이 중요하다. 이것을 다음과 같이 정리할 수 있다.

- 된다고 생각하면 방법이 보이고, 안 된다고 생각하면 장애물만 보인다.
- 생생한 상상은 '된다'는 느낌을 주어 목표를 향해 우리를 끌어당긴다. 반대로 상상이 없으면 '된다'는 느낌이 없어, 장애물만 보이고 결국은 포기하게 된다.
- 실패하는 사람은 중간 과정의 장애물만 상상하다가 중도 포기한다. 반면에 성공하는 사람은 과정이 끝난 뒤의 성취를 상상하면서 성공할 때까지 한다.
- 누구도 안 되는 일을 할 사람은 없다. 단지 성공하는 사람은 되는 것을 상상하고, 실패하는 사람은 안 되는 것을 상상할 뿐이다.

즉, 아무리 지금의 현실에서는 불가능해 보여도 생생한 상상으로 원하는 일이 마치 달성된 것처럼 느끼게 되면, 우리의 눈에 장애물은 모두 사라지고 이미 목표를 누리고 있는 모습만 보여 계속 그 방향으로 전진하게 되는 것이다.

상상은 생생한 현실감을 불러일으키고, 된다고 느끼게 만들어 동기를 유발하고 행동하게 만든다.

흔히 "인생은 한 방"이라고들 한다. 맞는 말이다. 언젠가는 모든 사람에게 인생의 한 방이 터지는 때가 있다. 그런데 이 말의 이면에는 정말 중요한 것이 숨겨져 있다. 그것을 다음과 같이 표현할 수 있다.

인생은 한 방이다.
하지만 그 한 방은 믿고 준비하는 자에게만 생긴다.

산 너머의 살구밭을 상상하는 사람은 힘든 줄 모르고 산을 넘고,
바로 앞의 오르막만을 보는 사람은 결국 지쳐서 중도 포기하게 된다.

여기에 같이 오페라 단원 생활을 시작한 동일한 조건의 여자 무명 가수 갑순과 을순이 있다. 20대 초반이었던 두 사람은 무척이나 오페라를 좋아하고 소질도 꽤 있었지만, 아쉽게도 무명의 설움은 몇 년간 지속되었다. 그 와중에서도 갑순은 희망을 잃지 않고 자신이 주연(프리마돈나)이 되어 오페라를 부르는 것을 계속 상상했고, 을순은 3년이 지나자 그저 주어진 역에 만족하고 더 이상 꿈꾸지 않게 되었다.

그러던 어느 날 갑순과 을순이 동시에 초대형 오페라에 조연으로 캐스팅되었다. 악보를 받자 을순은 그저 자신이 맡은 역만 며칠 연습하고 공연장으로 갔다. 반면에 갑순은 이 오페라에서도 자신이 주인공이 되는 상상을 하다 보니, 실제로 자신이 주인공인 듯한 느낌이 들어 맡은 역할 이외에도 주인공의 노래까지 꼼꼼히 연구하고 연습했다.

그런데 3회째 공연을 시작하기 몇 시간 전, 갑자기 여주인공이 교통사고를 당해 공연을 할 수 없는 상황이 되었다. 음악 감독은 당황하며 어쩔 줄 몰라하다가, 마침 주인공의 노래를 연습하고 있는 갑순의 노래를 듣고 꽤 괜찮다고 느껴 임시변통으로 그녀를 무대에 세웠다. 그런데 놀랍게도 갑순은 기대 이상의 기량을 발휘해서 청중의 기립 박수까지 받았고, 이후에 이것을 계기로 갑순은 당당히 프리마돈나로 우뚝 서게 되었다.

인생은 바로 이 오페라 무대와 같다. 우리 모두에게 언젠가는 기회가 온다. 하지만 그 기회를 잡는 것은 우리의 몫이다. 생생한 상상은 항상 우리를 원하는 것을 할 수 있는 사람이 될 수 있도록 고무시키고 준비시키고 훈련시킨다. 이것이 상상의 두 번째 중요한 의의다.

상상은 목표를 달성하도록 준비시키고 훈련시킨다

그럼 목표를 달성하기 위한 생생한 상상이란 도대체 무엇을 말하는가? 만일 원래 소심한 사람이 '자신감 있는 나'가 되고 싶다면 생생하게 '자신감 있는 나'의 모습을 상상함으로써 그것을 달성할 수 있다. 이런 것이 바로 상상하기이며 이것이 전부다. 우리는 '되고 싶은 나'를 아주 생생하고 현실감 있게 상상하기만 하면 된다.

영어를 잘하고 싶은가? 미국인 친구와 즐겁게 대화하는 것을 상상하라. 체중을 줄이고 싶은가? 날씬해져서 옷이 헐렁해지고 북한산을 쉽게 올라가는 모습을 상상하라. 판매 실적을 올리고 싶은가? 손님들이 줄을 서서 나의 상품을 사 가는 모습을 상상하라. BMW 미니 쿠퍼S를 원하는가? 미니 쿠퍼S를 몰고 동해안의 도로를 드라이브하며 해돋이를 보는 모습을 상상하라.

이렇게 '되고 싶은 나'나 '원하는 상황이나 사물'을 생생하게 상상하다 보면, 우리의 뇌는 곧장 우리를 그러한 방향으로 데려갈 것이다. 조만간에 우리는 지금의 현실에는 흥미를 잃게 되고, '새로운 원하는 현실'에 대해서 현실감을 느끼게 되고, 실제로 상상이 현실이 되게 하는 방향으로 행동하기 시작할 것이다.

상상은 우리를 그 방향으로 데려간다

"꿈은 실현된다(Dreams come true)"라는 유명한 격언이 있는데 필자는 이에 관해 좀 다른 의견을 갖고 있다. 꿈이 반드시 실현되는 것이라면,

금메달을 꿈꾸며 올림픽에 참가한 모든 선수들을 어떻게 설명할 것인가? 그들 중 어느 누가 금메달을 목에 거는 것을 상상하지 않았겠는가? 그런데 왜 많은 선수들 중 오직 한 명과 한 팀만 금메달을 따는 것인가?

바로 이것이다. 현실에서는 우리가 상상한 모든 것이 그대로 다 이루어지는 것은 아니다.

그보다는 오히려 상상(꿈)은 우리를 목표한 방향으로 데려간다고 하는 것이 정확하다. 예를 들어 태릉 선수촌의 많은 선수들이 금메달을 따지는 못했지만, 금메달의 꿈 때문에 국가 대표가 되어 태릉 선수촌까지 갈 수 있었던 것이다. 그렇다면 지금까지 무엇이든 다 되는, 마치 마법의 램프인 것처럼 설명해왔던 상상이 실제로는 과대 포장된 별 볼 일 없는 것이었단 말인가?

상상(꿈)은 그대로 실현되는 것이 아니다

혹시나 실망한 독자들을 위해 필자가 한 가지 선물을 준비했다. 로또 일등 당첨보다도 나은 대박 선물이라고 자부한다. 이쯤 되면 독자 여러분의 식은 마음도 다시 약간의 기대와 호기심으로 달아오를 것이다. '이제 뜸은 그만 들이고, 당장 무엇인지 좀 말해봐' 하는 소리가 들리는 듯하다.

좋다, 본론으로 바로 들어가기로 하자. 그것은 절대 손해 보지 않고, 항상 이득이 되며, 종종 로또 일등보다 월등한 대박이 나는 장사법이다. 게다가 이 방법은 자본도 필요 없고, 기술도 필요 없고, 높은 학력이나 지적 능력도 필요하지 않다. 이렇게 말하니 다들 궁금해질 것이다. 또 한편으로는 세상에 그런 것이 어디 있냐고 정색하며 반문할 것이다.

그것은 바로 원하는 미래를 상상하는 것이다. 즉, 꿈을 가지라는 말이다. 아니 별 볼 일 없는 상상 이야기를 왜 또 하느냐고? 다시 한 번 이 문장을 확인해보자.

"꿈이 반드시 그대로 실현되지는 않지만 반드시 그 방향으로 나를 데려간다."

자, 이제 다시 한 번 상상의 가치와 위력에 대해서 연구해보자. 지난번 19대 대선에는 열세 명의 후보가 나왔다. 모두 나름대로 대통령을 꿈꾸었지만, 그중에 한 명만 대통령이 되었다고 해서 상상(꿈)의 의미나 가치가 사라지는 것은 결코 아니다. 어쨌든 그들의 상상이 그들을 후보 자리까지 데려온 것이다. 그들은 대통령이 안 되어서 실패한 것이 아니라, 후보가 된 정도만큼 상상이 실현된 것이다.

다시 필자의 사례로 이 주제를 보충해보자. 필자는 거의 중학생 무렵부터 현대물리학과 과학에 빠져서, 온갖 과학 서적과 잡지를 섭렵했다. 그 와중에 내가 세계적인 과학자가 되어서 책을 쓰고 강의를 하는 모습을 종종 상상하곤 했다. 주위의 선생님이나 어른들도 모두 그때의 필자에게 '딱 교수할 스타일'이라고 말하곤 했다. 그런 상상만 하면 너무나 기분이 좋아서 공부가 힘든 줄 모르고 좋기만 했다. 그 결과 필자는 당시에 꽤 공부를 잘했었다.

하지만 운명이란 누구도 예측하지 못하는 것이라, 필자는 과학이나 물리학과는 전혀 거리가 먼 한의학을 전공하게 되었고, 게다가 학교에 남아 교수가 되지도 않았다. 그저 평범한, 전국 어디에나 있는 동네 한의

원을 하는 원장이 되었다. 이렇게 전혀 나의 상상과는 다른 삶을 참 오래 살아왔다. 한의대생으로, 동네 한의사로, 상상과는 완전히 다른 삶을 15년 이상 살다가 어느 날 기적처럼 EFT를 만나면서 모든 것이 바뀌었다. 2년 동안 EFT와 확언에 관해 50회 이상 거의 2천 명 이상에게 강의를 했고, 현재 유나방송이라는 인터넷 방송에서도 강의를 하고 있으며, 벌써 두 권의 책을 내고, 현재 이렇게 세 번째 책을 쓰고 있다.

다시 말해서 지금 필자는 교수나 과학자가 되지는 않았지만, 어렸을 때 상상하던 그 모습대로 책을 쓰고 강의를 하고 있다. 자, 그렇다면 이 정도면 필자의 상상은 충분히 그 값어치를 했다고 할 수 있지 않겠는가? 이렇게 상상은 그대로 실현되기보다는 그 방향으로 우리를 데려가는 것이다. 그래서 다시 한 번 새로운 의미로 다음 문장을 눈꺼풀에 새겨서라도 하루에 백 번 이상 되새기라고 하고 싶다.

"상상(꿈)은 나를 그 방향으로 반드시 데려간다."

상상은 그대로가 아니라 유사한 형태로 실현된다.

이런 의미에서 앞서 말한 국가 대표 선수들도 비록 지금 금메달을 따지는 못했지만, 그들이 상상했던 대로 올림픽 금메달에 준하는 인생 금메달을 따게 될 것이라고 확신한다. 이것이 바로 상상의 가장 중요한 의미이자 가치다. 이 명제에는 이외에도 또 하나의 중요한 의미가 있다. 일단 그대로 실현될 필요가 없으므로 타인과의 경쟁의식이 필요 없고 거짓말하는 느낌이 들지 않는다. 그래서 상상에 대한 집착이 생기지 않는다. 상상은 집착하지 않을수록 더 잘 이루어진다. 판타지 영화를 보듯 편안하고 재미있게 맘껏 상상하면 된다. 이러한 상상이 의식의 방해를 받지 않아 무의식에 더 잘 새겨진다.

그다음 여기에는 또 하나의 큰 이득이 숨겨 있으니 이왕 상상하는 것이라면 크게 상상할수록 더 좋다. 월 소득 천만 원의 상상이나 월 소득 2천만 원의 상상이나, 그 결과는 비슷할 수 있다. 하지만 2천만 원을 목표로 하면 최소한 천만 원을 넘길 가능성이 커진다. 그러니 언제 어디서나 최고와 최상의 결과가 이루어진 것을 상상하는 것이 좋다. 어쨌든 상상한 것의 절반만 이루어져도 얼마나 큰 소득이겠는가!

이왕이면 크게 상상할수록 더 좋다.
어쨌든 상상은 항상 득이 되고 종종 대박이 난다.

이제 모두 상상이 남는 장사법이라는 것을 알았으니 가장 큰 꿈을 꾸어보기를 바란다. 그중의 10퍼센트만 달성되어도 엄청난 변화가 있을 것이다. 고 정주영 회장이나 우리 동네 채소 가게 사장님의 수면 시간과 노동량은 별 차이가 없어 보인다. 성공의 크기는 노력이 아니라 상상의 크기에 달려 있다.

'생생한' 상상보다는 '집착 없는' 상상이 더 중요하다

― 이너피스 님의 EFT 워크숍 참가 후기

「바빠서 이제야 들어왔네요. 워크숍에서 열강을 해주신 두 분 선생님께 감사드립니다. 참석하신 회원님들도 안녕하시리라 믿습니다. 이제 본격적으로 EFT를 실천해야 하겠습니다. 제 입장에서는 우선 개인적인 삶전체를 한번 다뤄보고 싶습니다. 지나온 삶을 깨끗하게 청소한다는 생각으로 시간을 좀 길게 투자할 생각입니다.

레벨2를 끝내고 나니, 병을 치료하는 것을 넘어 삶 전체를 원하는 방향으로 갈 수 있게 만드는 도구로써 EFT의 중요성이 또한 크다는 것을 느꼈습니다. 강의 말미에 개인적으로 확언과 상상으로 많은 것이 이루어졌다고 말씀드렸는데, 사실은 누구나 원하는 것을 이루고 있습니다. 그렇지 않다면 오늘 내 앞에 펼쳐진 이 삶은 존재하지 않을 테니까요.《기적수업》에는 "당신 앞에 펼쳐진 것은 당신이 초대한 것이다"라는 말이 나옵니다.

워크숍에서 배운 방식이든 혹은 자신만의 고유한 방법이든, 미래에 대한 전망은 반드시 이루어진다는 말씀을 드리고 싶습니다. 물론 개인적인 차이가 있을 수 있지만, 그것은 방법론과 마음의 자세에 차이가 있는 것이지, '마음의 법칙(상상한 것은 현실이 된다)'은 누구에게나 동일하게 적용되고 있습니다. 소원을 성취하기 위한 방법론을 설명한 많은 책들이 있지만, 책보다 중요한 것은 어떤 것이든 믿고 꾸준히 하는 것입니다.

그때 같이 수강하던 박사님께서 '안 된다'는 생각을 어떻게 극복했느냐고 질문하셨는데, 사실 이런 마음의 저항이 '마음의 법칙'으로 소원을 달성하는 데 가장 큰 장애가 됩니다. 아무리 좋은 기법도 터득하기까지는 많은 시행착오를 겪을 수밖에 없다고 생각합니다. 즉, 처음부터 잘되는 사람은 없다는 것입니다. (20년 이상 해온) 저 역시도 지금까지 그렇습니다. 따라서 가장 중요한 것은 좌절하지 않고, 스스로를 신뢰하며, 더 큰 힘이 자신을 돌보고 있다는 생각을 꾸준히 하는 것입니다. 여하튼 뿌리가 튼튼하지 않고서는 결과를 알 수 없는 일을 지속할 수 있는 사람은 드물기 때문입니다.

'안 된다'는 생각에 대해 생각해봅시다. 어떤 생각도 절대적으로 객관적이거나 옳지 않습니다. 다시 말하면 어떤 생각이든, 마음에 생긴 모든 생각은, 특히 그것이 '내게 중요한 생각'이라면 반드시 상대성을 띠고 올라옵니다. 즉 '안 될 거야'라는 생각은 반드시 '되어야 한다'는 생각과 짝을 이루어 떠오릅니다. 이런 생각들 중 어느 것이든 하나라도 논리적으로 붙잡고 들어가보십시오. 해보면 알 수 있듯이 '내게 중요한 생각' 중에 상대적이지 않은 생각은 떠오르지 않습니다. 이렇게 '된다'는 생각은, '안 된다'는 상대적인 생각이 족쇄와 수갑이 되어, 소원의 실현이 어려워집니다.

그렇다면 어떤 소원을 이루기 위해, 우리가 해야 할 일은, 단순히 '된다'는 생각을 버리면 된다는 결론이 나옵니다. '된다'는 생각의 반대편에 있는 '안 된다'는 생각이 싹이 트지 않게 하는 방법이죠. 불행하게도 우리의 마음은 '부정을 부정(안 된다는 생각을 버림)'하는 것보다 '긍정을 부정하는 것(된다는 생각을 버림)'이 더 쉽기 때문입니다.

마음으로 소원을 이룬다는 것에 대한 예를 들어보겠습니다.

애인이 없어 불행한 어떤 사람이 어느 날 로맨틱한 영화를 본다면, 그리고 그 장면들이 자신이 원하던 어떤 사랑이야기와 들어맞는다면, 그 사람은 그 영화가 끝날 때까지 아마도 감미로운 사랑의 감정에 빠져들 것입니다. 그 순간만은 그는 더 이상 애인이 없어 불행한 사람이 아닌 것입니다.

만약 그렇게 끌리는 영상이 아니라서, 별 느낌 없이 영화를 보더라도, 우리의 마음은 반대되는 생각과 감정만 없으면 그것을 사실로 받아들입니다. 텔레비전 광고가 그렇습니다. 애를 쓰는 그 자체가 반대되는 부정적인 감정이나 생각입니다. 긍정적인 마음의 흐름 상태에서는 긴장이란 것이 없습니다. 심지어는 마음에 잘 그려지지도 않는, 조악한 화질의 흑백 영화를 보아도, 부정적인 마음만 들지 않는다면 똑같은 효과가 납니다. 소원을 이루기 위해 이미지(상상)를 이용한다는 말은 바로 이런 뜻입니다.

그러나 영화가 끝나고, 극장의 불이 켜지고, 텅 빈 화면이 눈에 들어오고, 관객들이 바쁘게 밖으로 떠나가는 것을 보기 시작한다면, 아마도 그 사람은 영화를 보기 전보다 더 큰 좌절에 빠질 것입니다. 여기에서 바로 한 가지 중요한 핵심이 드러납니다. 만약 꼭 이루어야 할 소원이 있다면 반드시 하루에 한 번 이상은 '마음의 영화'를 상영하십시오. 자신에게 맞는 스스로 선택한 방법으로 하시면 됩니다. 적절한 방법을 찾기 위해 관계된 책들도 다양하게 읽고, 논리적으로 마음의 법칙을 이해하는 일이 선행되어야 합니다.

마지막으로 가장 중요한 핵심은 그 시간 이외에는 이 '영화'를 철저하게 잊어버리라는 것입니다. 이렇게 하면 '꼭 되어야 한다'는 생각이 저절로 사라집니다. '꼭 되어야 한다'는 생각이 사라지면 '꼭 안 된다'는 생각도 사라집니다. 사실 하루에 단 5분이라도 행하는 그 영상으로 인해,

마음은 소원을 이루기 위한 작업을 충분히 합니다. 그리고 그 밖의 어떤 노력도 필요가 없습니다. 역설적으로 그 결과를 포기하고 어떤 것도 바라지 마십시오. 그냥 마음의 영상만 즐기면 됩니다.

그런데 이에 대해 어떤 사람은 투덜거릴 수도 있습니다.

"나는 하루에 5분씩 시간을 내서 하루도 빠짐없이 3년을 투자했는데, 아무것도 이루어진 것이 없다."

그렇다면 이렇게 말해주십시오.
"그렇다고 손해 본 것은 없지 않습니까?"

마음의 법칙을 이용하는 데 어떤 방해물이나 부정적인 것이 있다면 이제는 이 강력한 EFT로 해결하십시오.

"당신의 소원을 이루십시오!"」

이상은 필자의 워크숍에 참가한 닉네임 이너피스 님께서 EFT KOREA 홈페이지에 올린 소감이다. 이분은 젊었을 때부터 어떤 질병에 시달렸는데, 양방과 한방의 어떤 치료도 듣지 않아서 온갖 수련법을 20여 년 정도 섭렵해오셨다고 한다.

지금은 마음 수련, 아봐타 코스, 단전호흡, 위빠사나, 확언, 심상화, 요가 등 접해보지 않은 수련이 없을 정도의 전문가가 되었지만, 젊었을 때는 점점 심해지는 병 때문에 인생의 바닥까지 경험했다고 한다. 그러다가 답답한 마음에 한 역술인을 만났는데, "그냥 이렇게 살 수 밖에 없는 팔자요"라는 말을 들었다. 하지만 좌절감보다는 오히려 "한번 해보자"는 오기가 생겼다. 그래서 일찍이 '마음의 법칙'에 눈을 돌려 20여 년 동안 연구하고 실행해온 것이다. 이분은 그 과정에서 다양한 성패를 경험했다고 한다. 그런데 실패의 원인을 하나하나 분석해보니, 긍정적인 생각에 딸려오는 부정적인 생각이 문제였다. 그래서 소위 '긍정을 부정'하는 결론에 이르게 되었다. 길지 않은 이 글에는 20여 년간 이너피스 님이 피땀 흘려 얻은 소중한 결론이 담겨져 있음을 다시 한 번 강조하고 싶다.

덧붙여 이분은 흥미로운 사례도 몇 가지 알려주셨다. 한번은 상상으로 팔굽혀펴기를 백 번 정도 했는데, 그다음 날 실제인 것처럼 근육통과 몸살이 났다고 한다. 또 '마음의 법칙'을 잘 활용한 결과 육체적인 문제도 해결되었고, 늦깎이 한의대생으로 학교를 다니는데 확언과 상상을 잘 활용하여 빠듯하던 학비가 예상치 못한 곳에서 조달되기도 했다고 한다. 게다가 우연히 학교 근처에서 상상하던 모습과 조건의 아파트를 얻었는데 덤으로 집값도 올랐다고 한다.

상상의 달인이 되어보자

이제까지 상상의 중요성과 의미에 관해 설명했는데, 이 장에서는 실제로 상상하는 법에 대해 알아보자. 먼저 다음과 같은 상황을 상상해보자. 초등학교 1학년 아이 하나가, 몇백 년 전 바다 건너 먼 곳에 살던 셰익스피어란 사람이 쓴 〈로미오와 줄리엣〉에 나오는 구애시求愛詩 한 구절을 읽고 있다. 떠듬떠듬 '사랑'이라는 글자를, 물론 전혀 이해는 못한 채 그저 무의미하고 무감동인 채로 읽고 있다.

반면에 셰익스피어 전문 배우가 시를 읽으면 어떨까? 그가 시를 온몸으로 연기하듯 읽어나갈 때, 이야기가 영화처럼 살아나서 청자들은 이 장면 속으로 빨려 들어가고, 마치 주인공이 된 듯 그 사랑과 슬픔을 절절히 느끼게 될 것이다. 심지어 듣는 사람들은 가슴이 터질 듯하기도 하고, 심장이 두근거리다가, 마침내 정점에 이르러서는 온통 눈물범벅이 되기도 할 것이다.

바로 이것이다. 많은 사람들이 확언의 효과를 느끼지 못하는 것은 위의 아이처럼 확언을 그저 읽기 때문이다. 확언을 느끼고 상상하지 못하면 효과가 떨어진다.

확언의 진정한 효과는 단순한 '말하기'가 아니라 '상상하여 느끼기'에 있다

자, 이제 다음 확언 문장에 주목하라.

"나는 호랑이다."

이 확언문은 그 자체로는 조악한 종이호랑이보다도 무기력하고 의미없고 심드렁한 것에 불과하다. 그런데 이 문장에 약간의 상상을 가미해 보자. 어떻게 될 것 같은가?

먼저 호랑이 한 마리를 상상하라. 당신은 정글에 있고, 날씨는 후덥지근하고, 숲은 너무나 우거져서, 시야는 몇 미터도 확보되지 않고, 저기 나

뭇가지에는 뱀도 보인다. 어렵게 한 발자국씩 나아가는데, 맙소사, 저기 부리부리한 눈은 무엇인가! 오, 하느님, 이번에는 무섭도록 희고 긴 어금니를 드러내면서 나를 향해 다가오는 것이 아닌가!

자, 이 순간 관점을 이동시켜보자. 당신이 호랑이가 되는 것이다. 최대한 호랑이인 척해보라. 호랑이처럼 숨도 쉬어보고, 윗입술을 들어 어금니를 보여 위협도 하고, 앞에서 얼어붙어 버린 인간을 노려보면서, 잡아먹을 것인지 아닌지를 잠시 고민하고 있다.

바로 이 순간, 다음 문장을 말해보라.

"나는 호랑이다."

느낌의 차이를 알겠는가? 뭔가 다르지 않은가? 바로 이것이다. 당신 내부에서 호랑이 같은 힘과 느낌이 살아나지 않는가? 이렇게 상상을 통해 몸에서 일어나는 온갖 느낌들 – 가슴의 두근거림, 근육의 긴장, 눈가의 꿈틀거림, 침이 고임, 땀, 열기 등 – 과 온갖 이미지와 심지어는 각종 청각과 후각과 온도 감각까지, 아주 생생하지는 않더라도 분명 어느 정도는 '단순한 말이 확언으로 되살아난다'고 할 수 있을 것이다.

하나 더 실습해보자. 다음 확언을 읽어보라.

"나는 부자다."

그냥 읽지 말고 정말 부자라는 느낌을 주는 상황이나 환경을 생각해보라.

– 벤츠 전시장에 서서, 여기 있는 어떤 차라도 살 수 있는 여윳돈이
   있으므로 편안하게 마음에 드는 차를 타보고 고른다.
 – W호텔 스위트룸에서 애인과 함께 한강을 바라보며 근사한 저녁을
   먹는다.
 – 2캐럿짜리 다이아몬드 반지가 내 손가락에서 반짝이고 있다.

만일 부자로 살아본 적이 없어 위와 같은 상상이 잘 되지 않는다면
영화 속 장면이나 잡지 사진 등을 상상의 재료로 삼아도 좋다. 소설가들
이 글을 쓰기 위해 많은 인생 경험을 하듯 좋은 상상을 하려면 견문을 넓
힐 필요가 있다. 하여간에 이렇게 해서 상상이 잘 되고 정말 부자라는 느
낌이 들고 이미지가 떠오르면 그 속으로 빠져 들어가라. 그리고 외쳐라.

"나는 부자다."

이제 감이 좀 잡힐 것이다. 한 번 더 연습해보자. 다음 문장을 보자.

"풀은 푸르다."

소리 내어 말하기 전에 먼저 풀이 어떤 것인지 – 어떤 느낌인지, 어
떤 냄새인지, 밟으면 어떤 느낌인지, 어떻게 보이는지 등 – 를 집중해서
기억해보라. 최대한 생생하게 기억해서 상상해보고, 몸과 마음에 '푸른
풀'의 느낌과 이미지가 충만해지면 이제 외쳐라.

"풀은 푸르다."

자, 지금까지 했던 과정을 보면 뭔가 패턴이 있다는 것을 알 것이다. 이 과정을 정리해보면 확언에 대해서 생각하고, 상상하고, 몸과 마음으로 느끼고, 마지막에 확언하는 것이라고 할 수 있다.

생각하고, 상상하여 느끼고, 마지막에 확언하라

다시 몇 가지를 연습해보는 시간을 갖자. 상상은 확언의 심장이자 엔진과 같으므로 이 장에서 확실하게 상상을 숙달하는 것이 좋다. 여기서는 의지력이 필요 없는 단순한 것들을 소재로 상상 연습을 할 것이므로 충분히 상상에 익숙해질 수 있을 것이다. 아래에 몇 개의 연습할 단어를 제시할 텐데 단순히 읽지 말고, 내 몸과 마음에서 실제처럼 살려내도록 하라.

자, 첫 단어를 시작하자.

"바다"

반드시 "생각하고, 상상하여 느끼고, 마지막에 확언(말)하라"를 명심하라.

이제 다음 단어들에 대해서 하나씩 천천히 위의 과정을 적용하되 최선을 다하라. 자 시작해보자.

숲 / 산 / 폭풍 / 강 / 까마귀 / 태양 / 별 / 지구자, 어떤가? 즐겁고 재미있지 않은가? 이제 상상의 달인이 된 것을 축하한다.

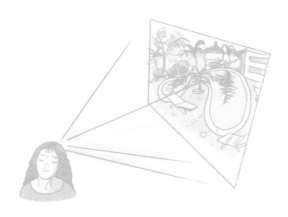

생생한 상상은 마침내 현실이라는 스크린에 투사되어 나타난다.

06

확언과 삶의 목적을 일치시키라

가능성의 무제한 자유이용권을 얻기 위해서는 세 가지를 지불해야 한다. 첫째는 확언이요, 둘째는 상상이요, 셋째는 삶의 목적이나 필요성이다. 다시 말해서 우리가 하는 확언에는 상상이 있고, 삶의 목적이나 필요성이 담겨 있어야 한다. 이 세 가지를 갖춘 확언은 가능성의 모든 궁전의 문을 열 수 있는 만능열쇠가 되어, 우리가 무제한의 건강과 행복과 성공을 누리게 해줄 것이다.

확언, 상상, 삶의 목적이나 필요는 꿈을 실현시키는 삼총사이다

그럼 구체적으로 삶의 목적성과 필요성에 관해 알아보자. 빚에 허덕이는 사람이 "나에게 돈이 술술 들어온다"고 확언하고, 아픈 사람이 "나는 건강하고 활력이 넘친다"고 확언하고, 실업자가 "나는 일정한 수입이 있는 일자리를 얻는다"고 확언한다면 바로 삶의 필요에 맞는 확언을 하고 있는 것이다. 이렇게 내 삶의 필요에 맞는 확언과 상상은 나를 편안하고 즐겁게 만든다.

삶의 필요성이란 필요한 돈, 필요한 건강, 필요한 일자리와 같은 것이다

이와 달리 어떤 사람이 그저 "나는 행복하다"라고 반복해서 확언한다면 정말 행복해질까? 아마도 상당수는 확언을 하면 할수록 더 지겨워지고 흥미를 잃게 될 가능성이 크다. 왜일까? 사실 행복은 내 삶의 꿈과 목적을 실현해나가는 과정에서 저절로 얻게 되는 것이지, 이것 자체가 삶의 목적이 되지는 않기 때문이다. "_____하게 되면 좋지 않을까?" 하는 확언은 열정과 동기 유발과 상상이 결핍되어서 사실상 별 효과를 내지 못하게 된다. 따라서 내가 하는 확언이 진정 효과를 내기 위해서는 내가 확언이라는 화살로 겨냥하는 과녁(삶의 목적)이 아주 명확해야 하고, 내 온몸을 끌어당길 만한 매력이 있어야 한다.

확언은 화살이고 삶의 목적은 과녁이다
과녁 없는 화살은 갈 곳이 없다

그렇다면 삶의 목적을 어떻게 찾을 것인가? 상당수의 사람들이 삶의 목적과 상상을 잊고 살기 때문에 이런 질문 자체가 당혹스러울 수도 있다. 하지만 걱정하지 않아도 된다. 시간이 좀 걸리더라도 다음 질문을 곰곰이 되새기면서 답을 만들다 보면, 어느새 잊고 살았던 삶의 꿈과 목적이 떠오르게 될 것이다.

- 당신이 어렸을 때 가졌지만 포기했던 소중한 꿈이 있다면 무엇인가?
- 당신은 어떤 사람이 되고 싶은가?
- 당신이 아직 해보지는 않았지만 여전히 하고 싶은 것이 있다면 무엇인가?
- 성공이 보장된다면 무엇을 해보고 싶은가?
- 나는 무슨 일을 할 때 가장 기쁘고 즐겁고 행복한가?

뭔가 떠오르는 것이 있는가? 아직 희미하거나 안 떠올라도 좋다. 그저 틈틈이 위의 질문들을 던져보라. 우리의 마음은 질문에 반드시 답하게 되어 있다. 당신이 던진 질문의 부메랑에 언젠가는 보석과 같은 답이 걸려 돌아올 것이다. 서두르지 말고 그저 이 과정 자체를 즐기되 틈틈이 질문하는 것을 잊지만 말라.

삶의 목적을 찾는 질문을 꾸준히 하라

이상의 질문으로 인생의 목적이나 꿈을 찾았다고 해서, 바로 이것들이 실현되는 것은 아니다. 예를 들면 다음과 같은 것들이 삶의 목적으로 나왔다고 하자.

수천억 원의 재산으로 환경 운동을 하는 사업가 / 베스트셀러 1위 작가 / 암이나 난치병을 잘 치료하는 탁월한 한의사 / 한국 최고의 동기 유발 명강사 / 모든 사람에게 영감을 불러일으키는 라이프 코치 / 인간과 생명의 온전함을 일깨워 세상을 바꾸는 사상가

하지만 나를 흥분시키는 이 주제들이 현재 나의 모습과는 너무 거리가 멀어서 현실감이 떨어질 가능성이 크다. 그래서 이런 것들을 실현시킬 현실 전략(action plan)을 확언으로 만들어 우선 가능한 것부터 달성해 나가야 한다. 예를 들어 수천억 원의 재산으로 환경 운동을 하는 사업가가 되려는 목적이 있는 사람은 먼저 현재의 소득수준을 높여 나가는 확언부터 하는 것이 좋을 것이다. 그의 현재 월 소득이 천만 원 정도라면 "나는 매달 2천만 원을 번다"고 확언하는 것으로 시작하여 점차 목표를 올려가면 된다.

실제로 개리 크레이그는 일찍이 라이프 코치로 사람들의 가능성을 계발하는 것에 삶의 보람을 느꼈지만, 서른 살 때는 18,000불의 연봉으로 가족들의 생계를 꾸려나가기도 힘들었다. 그에게 삶의 목적은 라이프 코치였고, 돈이 삶의 목적은 아니었지만 목적을 이루는 가장 중요한 수단이라는 것을 절감했다. 다시 말해서 그 당시 그에게 돈은 삶의 목적은 아니지만 꼭 필요한 무엇이었던 것이다.

그래서 그는 맨 처음 "나는 연봉 4만 불을 쉽게 번다"고 확언하여 1년 만에 달성하고, 이후 해마다 6만 불, 10만 불, 20만 불 등으로 액수를 높여 목표를 달성하게 되었다. 50대에 접어들어서는 ─ 그는 1940년생이다 ─ 재산이 충분해져서, 더 이상 돈을 벌지 않아도 될 정도가 되었다. 이제 그는 전 세계에 EFT를 보급하면서 '부정적 감정과 생각의 홍수'에 빠진 세상을 구하는 일로 오래도록 품어온 삶의 목적을 실현하고 있다.

삶의 목적을 실현시킬 구체적인 확언을 만들어 작은 것부터 달성해 나가라.

07

내가 진짜 하고 싶은 일은?

가수가 되고 싶어

아무리 늦은 나이에도 우리에게는 아직 이루어야 할 삶의 꿈과 목적이 살아 있음을 잘 보여주는 이야기가 있다. 나는 개리 크레이그의 장모님의 이야기를 떠올릴 때마다 어느새 가슴이 뭉클해지고, 아직 젊은 나의 가슴에서 새로운 삶의 꿈이 솟아오르는 것을 느낀다.

「나는 오래전에 78세 된 장모님에게 "성공이 보장된다면 무엇을 하고 싶으세요?"라고 물었다. 그분은 잠시 생각하더니 "깨끗한 일급 유기농 야채 가게에서 계산원을 하고 싶어"라고 대답하셨다. 나는 잠시 침묵하다가 다시 "장모님은 제게 아직 제대로 대답을 안 하셨어요. 장모님이 현재 상황과 조건에서 좀 더 하실 수 있을 만한 일이 아니라 장모님에게 삶의 꿈이 무엇인지 묻는 거예요. 나이나 재산이나 건강 상태 같은 현실적 조건 같은 것은 일단 잊고, 성공이 보장된다면 정말로 해보고 싶은 일이 무엇인가요?"라고 물었다.

그러자 장모님이 바로 허리를 펴시고, 주름진 눈에서는 오랫동안 잃었던 빛이 되살아나면서, "나는 가수가 되고 싶어"라고 말씀하셨다. 바로 이것이 진정한 삶의 목적이다. 그것은 우리를 고무시키고, 나의 인생과 세상에 살아가야 할 가치를 부여하고, 아침잠을 잊고 벌떡 일어나게 하는 원동력이다.」

우리가 꿈이나 사명이나 삶의 목적을 갖게 되면 의도적으로 상상이나 확언을 할 필요가 없다. 이런 것들은 자연스럽고 생생하게 일어난다. 물론 확언과 상상을 의도적으로 하는 것이 목적을 이루는 데 중요하지만 그래도 가장 중요한 원동력은 삶의 꿈이나 목적이다. 이러한 꿈이나 목적이란 아침마다 천근같은 무게의 눈을 비비면서도 벌떡 일어서서 움직이게 만드는 그런 것이다. 우리가 꿈을 갖게 되면 매일 매 순간 하는 생각과 행동마다 꿈이 깃든다. 우리는 항상 마음속으로 내 꿈의 주인공 역할을 리허설한다. 혼자건 누구와 만나건 우리는 끊임없이 꿈을 상상하고 결국 이 꿈이 우리를 새로운 현실로 데려가기 시작한다.

38년 만에 찾은 마이 웨이my way
― 김화숙 EFT 트레이너의 소감문

「"니, 《시크릿》 책 읽어봤나?"

"아니? 그기 먼데?"

"몰라, 나도 아직 읽어보지는 못했는데, 참 좋다 카데. 시간 되믄 함 읽어보라꼬."

2007년 8월 17일에 우연히 언니랑 통화하다가 《시크릿》이란 책을 알게 되었습니다. 그날 바로 점심시간에 직장 구내 서점에 들러 책을 샀습니다. 뭐, 말할 것도 없이 단숨에 읽어버렸죠. 밑줄 긋고, 별표 하고, 당구장 표시까지 해가면서요. 열심히 글도 쓰고, 인터넷의 좋은 글들로 공부도 하면서, 관련 카페의 정기 모임도 참석했습니다.

하지만 그때까지도 저는 '내가 진정 원하는 것이 무엇일까?'에 대한 답을 찾지 못했었고, '내가 원하는 삶'이 아닌 '내가 먹고사는 수단이 되는 직장'에서 나름대로 열심히 살고 있을 뿐이었습니다. 책을 통해 많은 부분들을 긍정으로 바꿔나가면서 하나둘 달라지기 시작했어요. 한 달 만에 갑자기 생각지도 않게, 저 혼자만 급여가 20만 원이나 인상되었고, 그렇게 팔려고 애를 써도 팔리지 않던 9년 된 집이 신도시 개발에 포함되는 바람에 가격이 폭등하기도 했습니다.

이렇게 긍정적인 사고로 기적적인 일들을 경험했지만, 한편으로는 억지로 긍정적인 것에만 집중하려고 하다 보니, 오히려 자꾸만 부정적인 생각들이 꼬리에 꼬리를 물고 올라와서 너무 힘들었습니다. 그저 꾹꾹 참고 누르고 피하는 수밖에 없었습니다.

그러다가 《시크릿》 관련 카페 회원이신 혼돈 님(필자를 지칭)을 통해 EFT라는 것을 알게 되었고, 제가 가지고 있던 가장 큰 문제였던 지독한 악몽이 EFT를 통해 해결되어버렸습니다. 당연히 EFT를 배웠겠죠? 어느 날 EFT 레벨2 워크숍을 마치고 뒤풀이를 하는 자리에서 강사였던 혼돈 님께서 농담처럼 말씀하셨어요.

"○○님은 부산 EFT 센터를 하시고, ○○님은 울산 EFT 센터, 하늘이 님(김화숙 트레이너의 닉네임)은 자연 육아 상담을 하고 계시니까, 일산에서 센터 내서서 어린이들한테 EFT하시면 되겠네요."

제가 긴장된 목소리로 대답했지요.

"그렇게 할 수 있을까요?"
"그럼요, 하면 되지요. 한번 멋지게 이미지를 그려보세요. 많은 사람들 앞에서 강의하고 있는 내 모습, 멋지잖아요?"

그 순간 제 머릿속에 순간적으로 필름이 돌아갔습니다. 많은 사람이 앉아 있는 커다란 세미나실에서 강의를 하고 있는 나의 모습.

"아, 보여요, 방금 제가 강의하는 모습이 순간적으로 확 그려졌어요."

사실 그날 이후로 '나는 전문 이에프터(EFTer)가 되어야겠다. EFT 강의를 해야겠다. EFT를 전문으로 하는 사람이 되어야겠다'라는 생각은 다시 해보지 않았습니다. 너무 막연했거든요. 내가 강의하는 모습을 떠올려서 시각화하는 작업도 그날이 처음이자 마지막이었습니다.

그저 EFT가 좋아서 레벨3까지 공부했고, 그러다 보니 함께했던 사람들이 좋아서, 그 열정에 빠져서 트레이너 과정까지 가게 되었습니다. 트레이너 과정을 마치고 나서 자연스럽게 주위 사람들을 하나둘 상담해주게 되고, 그러다 점차 여러 사람들에게 무료로 상담을 해주면서 EFT 특강까지 하게 되었습니다. 지금은 레벨1 워크숍을 진행하면서 전문적인 상담을 하는, 그야말로 1년 전에 제가 그렸던 그 모습으로 살고 있습니다. 가장 중요한 것은 지금은 그저 먹고사는 일이 아니라 원하는 일을 하면서, 예전과는 비교되지 않을 만큼의 경제적인 수입까지 누리면서 살고 있다는 것입니다.

저는 저의 경험을 통해 중요한 사실 하나를 확인했습니다. '집착'과 '집중'이 그것입니다. 저는 EFT 강의를 하는 것에 '집착'하지 않았습니다. EFT를 통해 경제적인 이득을 취하는 것에 '집착'하지 않고, 그저 내가 좋아서, 내가 하고 싶어서, 있는 열정을 쏟아 '집중'했을 뿐입니다. 많은 분들께서 물어보십니다.

"아무리 생각해봐도 내가 정말 무엇을 원하는지, 무엇을 하고 싶은지 알지 못하겠어요. 어떻게 하면 좋을까요?"

입버릇처럼 해드리는 말씀입니다.

"현재에 집중하세요, 지금 있는 그 상태에서 긍정의 상태를 유지하면서 최대한 충실하려고 노력하세요. 지금 행복하면, 지금 감사하면, 지금 집중하면 당신은 바로 지금 해답을 찾을 수 있습니다."

'지금'은 영원하니까요. 내겐 오로지 '지금'만 존재하니까요. '지금' 행복하지 않으면서 말합니다.

- 난 돈이 있으면 당장 행복할 거야.
- 난 외모만 완벽하면 당장 행복할 거야.

─ 난 취직만 하면 당장 행복할 거야.

아닙니다.

─ 지금 행복하면 돈이 들어옵니다.
─ 지금 행복하면 나의 외모도 점차 완벽해집니다.
─ 지금 행복하면 취직자리도 어떻게든 다가옵니다.

그렇게 생각하는 것이 쉽냐고요? 어렵다면 부정적인 꼬리말들을
EFT로 싹싹 지워주세요. 너무도 쉽고 간단하게 해결된답니다. 제 운명
을 바꾸어준 EFT와《시크릿》에 감사합니다.」

이 글은 EFT KOREA의 김화숙 트레이너의 소감문이다. 고등학교도
마치기 전에 부모님을 잃고, 힘들게 고학으로 학업을 마치고, 마치 전투
하듯 인생을 살아야 했던 그녀는 EFT 워크숍에 오기 전 몇 년째 지독한
악몽에 시달리고 있었다. 매일 온몸이 잘리고 난자당하는 장면을 생생하
게 꿈꾸다 놀라서 깨기 일쑤였다. EFT를 통해 그녀는 몸과 마음을 치료
했고, 인생의 목적을 찾았고, 더 나아가 그 목적을 이루었다.

그녀가 어느 날 소중한 생업의 수단인 직장을 그만두고, 꿈을 이루
기 위해 전문 트레이너의 길로 가겠다고 했을 때 내심 그녀의 용기에 놀
랐다. 얼마 후에 정말로 소중하고 탄탄한 수입원이었던 직장을 그만두었
고, 이제는 전문 트레이너로서 자신의 길을 잘 가고 있다. 뒤풀이 자리에
서 그저 잠깐, 자신의 삶의 목적과 의미와 가치를 느꼈지만, 그것만으로
도 그녀의 인생을 바꾸는 데에 부족함은 없었다. 이미 그 순간 전신에 파

고든 삶의 목적은 그녀를 자신도 모르게 트레이너 자리까지 끌어온 것이다.

의미(삶의 목적)를 얻은 찰나는 운명을 만든다.

08

안테나 이론

"된다고 생각하면 방법이 보이지만, 안 된다고 생각하면 장애물만 보인다."

"원하는 것이 무엇이든 그것을 할 수 있는 방법은 항상 존재한다. 다만 아직 우리의 의식 바깥에 머물고 있을 뿐이다. 이제 안테나가 당신에게 방법을 찾아주게 하라."

앞서 확언 만드는 공식에서 "확언이 실현되는 방법에 관해서는 신경 쓰지 말라"고 했는데 이 장에서는 그 이유에 관해 알아보기로 하자. 신경생리학 이론에 의하면 우리의 뇌는 초당 2백만 비트의 정보를 받아들이지만, 실제로 처리하는 정보량은 20비트 정도에 불과하다. 비유하자면 이것은 자동차를 타고 부산에서 출발하여 서울로 가는데, 그 구간을 전부 영화로 찍고서는 불과 4~5미터에 해당하는 촬영 분량만으로 서울-부산 간의 경로를 평가하는 것과 같다고 할 수 있다. 또 달리 비유하면 해운대 해변에서 모래 한 줌만으로 전체 모래사장의 질을 평가하는 것과도 같다고 할 수 있다.

뇌는 초당 2백만 비트나 되는 많은 정보에 노출되어 있기 때문에, 유입되는 모든 정보에 주의를 기울여 처리하다 보면 녹초가 되어버린다. 그래서 뇌는 자체적인 판단에 의해 중요하다고 여기는 것 일부(20비트 정도)만 처리하고, 나머지는 처리하지 않고 무의식에 저장한다. 그런 면에서 우리의 무의식은 엄청난 정보의 바다로 무궁무진한 보물이 숨겨져 있다고 할 수 있다. 우리는 매 순간 해운대 해변 크기만큼의 모래를 받아서는 한 줌만 사용하고, 나머지는 모두 무의식의 바다에 다시 저장해버리는 것이다.

특히 뇌의 망상체라고 하는 부위가 이런 정보의 필터 역할을 하는 것으로 알려져 있다. 이런 망상체의 정보 필터는 비유적으로 안테나라고 할 수 있다. 이 안테나는 이 순간에 우리에게 중요하다고 판단되는 것들만을 포착한다. 따라서 현재에 의미 없다고 판단되는 정보는 모두 무의식으로 가는 것이다. 이런 면에서 망각이란 사라진 기억이 아니라, 의식화되지 않고 무의식화된 기억이라고 할 수도 있다.

요즘 많은 나라에서 지상의 광물이나 석유 등의 자원이 모두 고갈되어 해양과 해저에서 자원 개발을 하고 있는데, 우리의 뇌가 바로 이보다 몇 천 배 이상의 엄청난 가치가 있는 자원의 보고이다. 지금 우리의 뇌, 즉 무의식에는 무한히 사용할 수 있는 아이디어와 잠재력이 숨겨져 있다. 그럼 이 보물을 캐는 탐사선이나 시추선은 없는가? 다행히도 확언과 안테나가 바로 그 역할을 한다.

안테나는 조물주가 준 선물로, 우리는 항상 이것을 사용하면서도 당연하게 여기고 잊어버리고 산다. 게다가 우리는 안테나가 가진 엄청난 힘도 망각하고 살아가고 있다. 우리가 확언을 하게 되면 마음속에 우리가 원하는 상이 분명히 그려지고, 이것이 안테나로 작용하게 된다. 예를 들어 당신이 새로운 집, 직장, 애인, 몸매를 간절히 원하고 있는데, 어느 날 문득 잡지나 신문, 텔레비전에서 이와 관련된 것들이 눈에 확 들어오는 것이다. 바로 이렇게 눈에 확 들어오는 것들이 포착된 정보들이며, 나머지는 무의식으로 새어나가는 정보들이다.

이렇게 확언을 통해 안테나를 작동시키면 전에는 몰랐던 새로운 정보들이 당신의 눈에 확 튀어 들어올 것이다. 이제 여기서 안테나에 관해 다시 정리하면 다음과 같다.

- 우리는 현실에서 수많은 정보에 노출되어 있다.
- 무의식은 모든 정보의 저장고다.
- 따라서 언제 어디서든 우리가 원하는 것을 할 수 있는 방법은 항상 존재한다.
- 의식의 안테나는 모든 정보를 거른다.
- 현재 우리의 의식은 원하는 것에 주파수를 맞추고 있지 않다.
- 확언과 상상으로 원하는 것에 주파수를 맞춘다.
- 안테나가 무의식의 기억이나 매 순간 유입되는 정보에서 원하는 것을 할 수 있는 방법을 포착한다.

비밀번호를 찾았어요
- 물심나 님의 EFT 체험기

「저희 집 거실의 컴퓨터는 잠금장치가 되어 있습니다. 저녁을 먹고 아이들이 영어 공부를 한다고 해서 제가 비밀번호를 입력하는데 아무리

해도 틀렸다고 나왔습니다. 기억나는 모든 것을 입력해봐도 잠금이 풀리지 않았습니다. 얼마 전에 비밀번호를 바꾸었는데, 생각이 도통 떠오르지 않는 것이었습니다. 이제는 더 이상 입력할 숫자도, 방법도 없었습니다. 차단 프로그램은 비밀번호를 알지 못하면 컴퓨터 하드를 지우고 다시 깔아야 하는 것이었습니다.

저는 '그래! 모든 것을 시도해보라고 했지!'를 기억하며, 한번 해보자고 마음먹고, EFT와 확언을 시도했습니다. 먼저 다음과 같은 수용확언으로 EFT 타점을 두드렸습니다.

"나는 비록 거실 컴퓨터의 비밀번호가 떠오르지 않아서 갑갑하지만, 그런 나를 깊이 이해하고 받아들입니다."

"나는 비록 거실 컴퓨터의 비밀번호가 떠오르지 않지만, 두드리다 보면 비밀번호가 생각날 것이라는 믿음을 선택합니다."

이렇게 몇 회 두드리고, 또 "나는 왜 이렇게 잘 생각날까?"라는 의문확언으로 두드렸더니, 불과 몇 분 만에 갑자기 제 차가 떠오르지 않겠습니까! 그 순간 "그렇지, 차 번호야!"라고 외쳤습니다. 하하하, 그래서 비밀번호를 풀고 아이들이 컴퓨터로 공부하게 되었습니다.」

개리 크레이그의 2천만 불 투자 유치

1983년에 개리 크레이그는 막 두 번의 이혼 후에 많지 않은 대부분의 재산을 위자료 ― 그는 이혼 법정에서 분쟁으로 막대한 감정 소모를 하는 것을 원하지 않았기 때문에 ― 로 넘겨주고 샌프란시스코에서 차로 2시간 반 거리의 겨우 3백 명의 주민이 사는 시 랜치(The Sea Ranch) 카운티로 이사했다. 그는 이때 재정적으로나 가정적으로 가장 힘든 시기였고 개리는 우선 어느 정도의 돈을 벌어야겠다고 느꼈다.

이런 와중에서도 마침 개리는 친구들로부터 새로운 사업을 제안받았는데, 수만 불의 자금을 투자 회사에 유치하는 일이었다. 그런데 문제는 개리가 인구 3백여 명에 샌프란시스코에서도 차로 두 시간 반이나 걸리는 오지에 살고 있었고, 투자자들은 당연히 인근 대도시인 샌프란시스코에 살고 있다는 점이었다. 그가 만일 매일 한 명의 투자자라도 만나려면 장장 다섯 시간을 길에서 보내야 하는 상황이었다.

평범한 시각으로 보면 이런 상황에서 개리가 사업에 성공할 방법은 별로 없어 보였지만, 확언의 달인이자 태생이 골수 낙천가인 개리는 "나는 감당할 수 없을 정도로 손님이 많다"고 확언하고, 많은 부유한 고객들이 개리의 사업에 투자하는 것을 생생하게 상상하기 시작했다. 도대체 이런 시골에 박혀 있는 개리에게 어떻게 투자자들이 올지 알 수 없었지만, 개리는 분명히 '언제 어디서나 내가 원하는 것을 할 수 있는 방법은 존재한다. 확언을 하면 나의 안테나가 이것을 찾아줄 것이다'라고 생각하면서 심지어는 고객들이 개리가 전화하지 않는데도 먼저 전화해서 찾아오는 장면까지 상상했다.

이렇게 꾸준히 몇 달간 확언과 상상을 하던 어느 날, 개리는 서재에서 자신이 적어도 50번은 보았던 책에 우연히 눈이 갔다. 그 책은 전설적인 생명보험 세일즈맨인 벤 펠더만의 사업 아이디어와 철학을 설명한 책이었다. 이 책을 펼치면서 수도 없이 보았던 한 아이디어가 개리의 눈에 띄었다.

그 아이디어는 이런 것이었다. 벤 펠더만이 어느 대기업 회장과 사업상 만나고 싶었지만 방법이 없어서, 어느 날 그저 접견실로 무작정 들어갔다. 당연히 접견실의 직원들은 안내 없이 들어온 그에게 아무 반응도 보이지 않았다. 그러자 벤 펠더만은 "존슨 회장님께. 회장님의 소중한 5분에 5백 불을 드리겠습니다"라고 적힌 쪽지와 함께 5백 불을 내밀었다. 직원이 그를 어떻게 했을까? 그 직원은 그저 요구받은 대로 회장에게 전달했고, 회장은 호기심으로 그를 불러들여 결국에는 보험까지 들게 되었다. 이후 펠더만은 다른 고객들에게도 이 방법을 써서 많은 실적을 올렸고, 더 흥미로운 것은 돈을 받은 대부분의 사람들이 돈을 돌려주면서 그의 아이디어를 칭찬했다고 한다.

개리는 이 이야기에 눈이 확 떠져서 이 아이디어를 활용하고 싶었지만, 이때의 개리는 거의 무일푼 상태라서 많은 사람에게 5백 불씩 뿌릴 여력이 없었고, 게다가 샌프란시스코를 매일 다섯 시간 걸려 왕래하는 것도 쉬운 일은 아니었다. 그러자 다시 새로운 아이디어가 떠올랐다. 개리는 샌프란시스코의 유망 투자자들의 명단과 주소를 확보하고, "당신의 소중한 20분에 백 불을 드리겠습니다. 원하시면 저에게 전화를 주세요"라는 내용과 대략의 사업 개요를 편지지에 적어서 백 불을 동봉하여 등기우편으로 보냈다.

이렇게 편지를 보내자 어떤 일이 일어났을까? 편지를 보낸 지 일주일 안에 반수는 "나는 당신의 사업에 흥미는 없지만 당신의 아이디어는 정말 참신하군요"라고 적힌 편지와 함께 돈을 반송했다. 나머지 거의 반수도 실제로 전화를 했고, 극소수의 몇 명은 일주일 안에 아무 반응이 없어 개리가 전화를 했다. 하지만 어쨌든 대부분은 개리에게 전화를 했다. 그 결과 개리는 매일 예닐곱 개의 약속을 잡고서 2~3일 연속 샌프란시스코에 머물면서 업무를 처리했다. 이후 이런 과정을 몇 번 반복한 결과 그는 몇 달 만에 2천만 불의 투자를 유치했다. 개리는 투자금 이외에도 대부분의 사람들에게 미소와 커피로 환대를 받았다고 한다.

현금이 매일 우편으로 들어오다

도우 후퍼는 꽤나 확언을 잘 활용하는 사람이었다. 그는 생전에 많은 사람들에게 영감을 준 동기 유발 강사로 "당신은 생각하는 대로 된다(You are what you think)"라는 말을 자주 하곤 했다.

하루는 그가 우편함을 확인해보았더니, 누구나 그렇듯, 거의 대부분은 광고물이고 약간의 청구서가 전부였다. 이 순간에 도우 후퍼는 혼잣말로 "내가 지금까지 생각의 힘에 대해서 누누이 말해왔는데, 이것도 한번 해봐야겠군. 나는 현금이 우편으로 들어오는 것을 원해"라고 말했다.

물론 과거에 도우 후퍼는 약간의 현금을 우편으로 받아본 적은 있지만, 지속적으로 들어온 것은 아니었다. 그렇지만 도우 후퍼는 생각과 상상으로 현금이 우편으로 꾸준히 들어오는 상황을 만들 수 있다는 것을 알았다. 그래서 그는 날마다 "현금이 우편으로 매일 꾸준히 들어온다"는 확언을 하면서 이 상황을 상상하기 시작했다.

도우 후퍼는 상상을 계속하면서 저녁마다 퇴근해서 아내에게 "에일린, 우편으로 현금 들어온 것 있어?"라고 묻곤 했다. 물론 그는 불필요한 타인의 비판을 피하기 위해서, 확언을 하고 있다는 것을 아내나 아들들에게도 말하지 않았다. 이렇게 아무 변화 없이 몇 달이 지나는 동안에도, 도우 후퍼는 계속 같은 질문을 했고, 그때마다 아내는 "아뇨"라는 대답을 반복했다. 그럼에도 도우 후퍼가 계속 같은 질문을 해대자, 마침내 아내는 "아~~~니~~~요~~~"라고 짜증을 내면서 소리쳤고, 아들들은 자기들끼리 "요즘 아버지가 뭔가 예전 같지 않고 이상해진 것 같아"라고 수군거리기도 했다.

하지만 도우 후퍼는 확언과 상상의 힘을 충분히 알고 있었기 때문에 포기하지 않았다. 물론 그동안에도 별일은 생기지 않았다. 우편으로 현금이 들어오지도 않았고, 심지어 그런 조짐도 보이지 않았다. 그래도 그는 꾸준히 확언하고 상상했다. 언젠가는 자신이 원하는 것을 할 수 있는 방법이 나타나리라는 것을 알았기 때문이다.

이렇게 외면적으로는 아무 변화 없이 6개월이 지나고, 그는 "당신은 생각하는 대로 된다(You are what you think)"라는 주제로 매주 기고하고 있는 지역 신문사를 우연히 들르게 되었다. 그의 글은 어떻게 생각으로 원하는 것을 만들 수 있는지에 관한 이야기들로 제법 많은 독자들의 사랑을 받고 있었다.

편집장이 "도우 씨, 일부 독자들이 당신의 지난 기고문들을 보내달라고 편지로 문의하고 있어요"라고 말했다. 이 순간 도우 후퍼의 안테나가 갑자기 날개를 폈다. "바로 이거야!" 그는 잠시 후에 지난 기사들을 다 모아서 한 권의 책으로 엮었다. 그리고 매주 신문에 기고할 때마다, 말미에 "지난 기사를 원하시면 소정의 액수를 우편으로 보내주세요"라고 덧붙였다. 도우 후퍼는 이 글을 쓴 얼마 후에 바로 우편으로 현금을 받기 시작했고, 이후에 7년간 연재를 하는 동안 불과 5~6일을 빼고는 항상 우편으로 현금을 받게 되었다.

떨어지지 않는 사과

여러 해 전 가을에 일본 아오모리현의 농민들은 엄청난 시련과 슬픔에 빠졌다. 큰 태풍이 휩쓸고 지나간 탓에 한 해 동안 애써서 재배한 사과가 90퍼센트 정도나 떨어져버렸기 때문이다. 사과 재배를 많이 하는 고장이라 지역 경제도 큰 타격을 입었다. 하지만 그 가운데 한 사람만은 "괜찮아, 괜찮아. 무슨 방법이 있을 거야"라고 주민들을 위로하면서 좌절하지 않았다. 그러던 중 그는 기발한 생각이 떠올랐다.

"떨어지지 않은 나머지 10퍼센트의 사과에 '절대 떨어지지 않는 사과'라는 이름을 붙여서 팔자."

이 엉뚱한 발상은 일본을 발칵 뒤집어놓았다. 보통 사과보다 열 배 이상 비싼 그 사과는 '떨어지지 않는 사과'라는 이름 덕에 수험생들에게 폭발적인 인기를 얻었던 것이다.

이것이 일본에서 인기를 끌고 있는 '행운의 사과'의 시초라고 한다. 이 이야기에서 보듯, 그의 안테나는 떨어진 90퍼센트가 아니라 남아 있는 10퍼센트에 주목했고, 그 결과는 이렇듯 놀라웠다. 확언은 종종 이렇게 아주 기발한 방법으로 실현되는 경우가 많다.

09

필자가 체험한 확언의 기적

    지금까지 필자의 확언론을 열심히 따라온 많은 독자들이 이때쯤이면 "그래, 확언이 정말 논리적으로 완벽하고 좋다는 것까지는 알겠는데, 당신은 확언으로 정말 얼마나 성취한 거야? 당신의 경험도 좀 들려줘!" 하고 아우성치는 소리가 들린다. 그래서 독자 여러분의 호기심도 충족시키고 확언의 강력한 힘도 다시 한 번 일깨울 겸, 필자의 경험을 한번 이야기해보겠다. 필자는 2007년 5월에 한창 EFT에 열중하며 다음 여섯 개의 확언을 했다. 매일 아침저녁으로 EFT 타점을 두드리면서 다음 여섯 개의 확언이 실현되는 모습을 상상하곤 했다.

1. EFT 전문 단체를 만들어 교육과 연구를 한다.
2. EFT 강의를 하여 많은 사람들에게 EFT를 알린다.
3. EFT 한의학회를 만들어 회장이 된다.
4. 한국 최초의 EFT 전문 서적을 출판하여 베스트셀러로 만든다.
5. 삼성그룹에서 EFT 강의를 한다.
6. EFT 전문 한의원 및 교육 센터를 만든다.

먼저 1번 확언에 대해 말해보자. 필자는 당시에 서울의 수유리 쪽에서 평범한 동네 한의원을 하고 있었고, 천성적으로 모임을 싫어해서 법적으로 의무 가입 대상인 한의사회 이외에는 모임을 만들거나 참가해본 적이 한 번도 없었다. 따라서 이렇게 확언을 하기는 했지만 도대체 어떻게 이것이 실현될지는 알 수도 없었고, 상상조차 되지 않았다. 어쨌거나 확언을 하다 보니 EFT에 관련된 글을 자연스럽게 여러 편 쓰게 되었고, 이 글들을 인터넷 카페와 블로그에 게재하였다.

그러다 이 확언을 한 지 불과 두 달여 만에 EFT KOREA의 멤버인 이경종 선생이 필자가 쓴 EFT 관련 글을 인터넷에서 보고 필자에게 연락을 취했고, 우리는 EFT에 대한 열정으로 의기투합했다. 이 일을 계기로 자연스럽게 필자는 EFT에 관한 한 한국에서 가장 실력 있고 전문성 있는 전문가 집단인 EFT KOREA에 합류하게 되어 지금은 EFT KOREA의 멤버로 일하고 있다. 정말 이 확언은 필자의 애씀이 없이, 목표가 그저 끌려오듯, 그것도 두 달여 만에 실현된 것이다.

다음으로 2번 확언에 대해 말해보자. 강의를 한다고 확언을 하기는 했지만 필자는 사실 이전에 대중 앞에서 강의를 해본 적이 한 번도 없었다. 기껏해야 학창 시절에 몇 명이 모인 스터디 그룹에서 같이 공부한 것이 강의라면 강의라 할 수 있는 전부였고, 강의법이나 교수법에 대해 아는 바도 전혀 없었다. 강의안이나 프레젠테이션에 필요한 파워포인트 하나도 만들 줄 몰랐다. 과연 이 상황에서 필자가 어떻게 강의를 할 수 있었을지 정말 궁금해지지 않는가?

하지만 운명이란 참 묘하고도 우스운 것이라서, 필자가 EFT KOREA에 가입한 지 막 두 달이 채 지나지 않았을 때, 한의사들 사이에 EFT 열

풍이 불어 EFT KOREA의 30명 정원 워크숍에 한의사들이 50퍼센트 이상 참가 신청을 했다. 이에 의학적인 지식이 있는 강사가 필요하게 되어 당시 대표 강사였던 정유진 선생이 필자에게 강의의 일부를 맡아줄 수 있는지 물었다. 물론 필자는 이전부터 확언해왔던 것이라 적잖이 놀라면서도 당연히 하겠다고 했고, 물론 최선을 다했으며, 의외로 참가자들의 강의 평가도 좋았다.

그 결과 지금은 정유진 선생님과 한 팀이 되어, 전국을 누비면서 수천 명 이상에게 EFT를 강의하게 되었고, 나름대로의 명성도 얻게 되었다. 그때의 모습과 지금의 모습을 비교하면, 격세지감을 느끼면서 다른 한편으로 확언의 위력을 다시 실감한다. 필자는 이 확언 하나로 이제는 한의사 이외에도 '동기 유발 강사'라는 직업을 하나 더 얻게 되었다.

다음 3번 확언에 대해 말해보자. "인생에는 종종 기적이 생긴다"고들 하는데 바로 이런 경우일 것이다. EFT KOREA에 가입한 지 몇 달이 되지 않아, 운영 회의석상에서 당시 대표였던 한의사 이정환 원장이 한의학회 설립을 추진하겠다고 했다. 당시에 EFT 한의학회에 관해서 필자는 혼자서 확언만 하고 있었을 뿐 이정환 원장과 일언반구의 논의도 한 적이 없는데, 스스로 학회 정관을 만들고, 한의사 모임 인터넷 카페에서 학회 창립 및 발기인 모임 공지를 하고, 심지어는 조직도까지 다 만든 다음에 필자에게 회장을 하라고 하는 것이 아닌가! 한마디로 호박이 넝쿨째 굴러들어 온 것이었다. 바로 이것이 '유인력의 법칙'이 아니고 무엇이겠는가! 이렇게 해서 그해 10월에 놀랍고 신기한 심정으로 발기인 모임을 하고 EFT 한의학회의 회장이 되었다.

갈수록 흥미가 더하는가! 이제 4번 확언에 대해 말해보자. 책을 낸다고 확언을 하다 보니 저절로 EFT에 관한 글이 거의 매일 쏟아졌다. EFT와 관련하여 에세이, 기법에 대한 상세 설명, 관련된 철학 이론 등 마치 샘이 솟듯 매일 글이 줄줄 흘러나와서 이 글들을 인터넷에 게재하였다. 확언을 하다 보니 온몸에 영감이 가득 차서 글이 절로 쏟아져 나왔던 것이다. 이때 썼던 글이 얼마나 감동적이고 영감이 가득했던지, 인터넷에 올릴 때마다 많은 호응이 쏟아졌고, 심지어는 세간에 널리 알려진 텔레비전 광고를 만든 광고업자분이 직접 필자를 찾아와서, "나도 광고 카피를 만드는 사람인데 어떻게 글을 그렇게 잘 쓰냐?"고 물어보기도 했다. 돌아보건대 필자가 이렇게 글을 괜찮게 쓰는지 그때 처음 알았다.

이렇게 썼던 글들을 여섯 달이 지나 모아보니 책을 엮을 정도의 분량이 되어 있었다. 그래서 그 글들에다 새로 쓴 글들을 덧붙여 목차를 정하고 원고의 형태로 만들어서 여섯 개의 출판사에 투고했고 그중에 세 곳에서 출판을 해보자는 연락을 받았다. 너무나 흥미진진한 과정이었다. 필자와 거의 비슷한 시기에 EFT에 관한 책을 출판하려 했던 한 사람은, 이미 여러 권의 저서와 역서가 있었음에도 불구하고 50군데 이상의 출판사에서 퇴짜를 맞았다고 한다.

또 다른 한 사람은 이미 방송과 저서를 통해 상당한 인지도가 있는 상태였음에도, 필자가 원고를 보낸 모 출판사에 마찬가지로 EFT에 관한 원고를 보냈지만 수요가 의심스럽다는 이유로 담당자에게 거부당했다고 한다. 이 출판사의 담당자는 그 일화를 필자에게 전하면서 "도대체 EFT란 것에 수요가 있을까요?"라고 재차 물었다. 당시만 해도 EFT는 정말 생소하고 희귀한 분야였기 때문이었다. 이에 필자는 확신에 차서 "최소한 나오자마자 5천 부는 팔릴 거예요"라고 대답했다. 결과적으로는 그 출판사가 아니라 정신세계사에서 2008년 3월에 《5분의 기적 EFT》를 출간하게 되었지만, 내 확언대로 초판 5천 부가 몇 주 만에 다 팔리고 교보문고의 건강 분야 베스트셀러 목록에까지 오르게 되었다. 생전 책이라고는 읽는 일 외에 해본 것이 없던 필자가 나름의 베스트셀러 작가가 된 것이다. 재미있지 않은가?

이제 5번 확언에 대해 말해보자. 2007년 5월경에 필자는 '삼성이라는 대기업에 EFT가 알려진다면 얼마나 멋진 일일까?'라고 생각했다. 한국의 대표 기업인 삼성이 EFT를 받아들인다면, 우리나라의 모든 기업이 뒤따라 EFT를 받아들일 테고, 그러면 삼성을 비롯한 기업들의 생산성이 엄청나게 향상될 뿐만 아니라 더불어 나도 성공 가도를 달리지 않겠는가! 그래서 이런 확언을 하면서 삼성전자의 교육 담당 과장이었던 사촌 동생의 남편에게 사외 강사 지원서와 강의 소개서를 내보았지만 별다른 반응을 얻지 못했다.

지금에서야 알게 되었지만 삼성과 같은 대기업의 교육은 아무에게나 덥석 맡겨지는 것이 아니었다. 쉽게 말해 그 당시 필자는 기업 교육에 관한 기초 상식도 없이 겁 없는 하룻강아지처럼 무작정 험난한 경쟁에 덤벼든 꼴이었다. 이렇게 몇 번의 탐색과 시도를 했지만 일이 진척되지 않았고, 그렇게 얼마간의 시간이 흘러갔다.

그러다 1년이 지난 2008년 8월경, 삼성전자 모바일 사업부(휴대전화 생산 부서)로부터 EFT KOREA로 교육 의뢰가 들어온 것이 아닌가! 교육을 의뢰한 삼성의 담당 과장님께 물어보니, 필자의 책 《5분의 기적 EFT》를 본 관계자의 추천을 통해 사원들의 스트레스 해소를 위한 교육을 의뢰하게 되었다고 했다. 그래서 필자는 9월경에 여섯 번에 걸쳐 약 3백여 명의 사원들에게 EFT를 교육하게 되었다. 이때 필자는 이미 중단한 지오래되었던 이 확언을 거의 잊고 지냈던 터라, 확언이 실현되었다고 좋아할 정신도 없었다. 그런데 나중에 뒤돌아보니, 이렇게 또 하나의 확언이 미처 놀랄 새도 없이 자연스럽게 실현되어 있는 것이 아닌가!

자, 이제 마지막 6번 확언이다. 이 확언을 할 당시에 필자는 침 놓고한약 다려주는 평범한 한의사 생활을 하고 있었다. 그저 전국 어디에서나 쉽게 찾아볼 수 있는 동네 한의원의 원장이었다. 도대체 치료와 교육과 컨설팅을 겸하는 한의원이 어디에 있으며, 그것이 가능하기라도 한것일까? 게다가 나는 이런 일을 해본 적도 전혀 없지 않은가? 하지만 이확언을 하면서, 차츰 EFT를 위주로 치료도 하고 컨설팅이나 교육도 병행하는 한의원을 구체적으로 상상해갔고, 마침 내 주위에서 유사한 형태를 찾게 되었다. 바로 EFT KOREA의 멤버들인 유재춘 코치와 송원섭코치가 동업하여 운영하고 있던 코칭 센터였다.

그래서 이 사무실에 종종 들러 운영 형태를 견학하고 배우다가, 우리는 서로의 취지가 일치함을 느껴서 2007년 11월경 필자가 먼저 새로운형태의 센터를 만들자고 제안했다. 그리고 마침내 2008년 6월, 힘을 모아 전혀 새로운 형태의 한의원과 교육 및 상담이 결합된 센터를 만들게되었다. 지금은 이곳을 통해 난치병과 심리 치료를 전문으로 할 뿐만 아니라, 기업 교육과 임원 코칭까지 포함하는 다양한 인간 능력 계발 프로그램을 운영하고 있다. 오로지 확언 하나로 세상에 존재하지도 않고, 가능할지조차 의심스러웠던 전혀 새로운 형태의 한의원과 센터를 만들게된 것이다.

이상으로 필자의 확언이 실현된 과정을 설명해보았다. 빠른 것은 불과 두 달 만에, 늦었다 해도 일 년 반 안에 전부 실현되었다. 놀랍지 않은가? 확언이란 이처럼 강력한 기법이다. 그저 무심코 즐겁고 행복하게 반복하다 보면, 언젠가는 하나씩 하나씩 자연스럽게 내 삶 속에 다 실현되어 있음을 발견하게 된다. 때로는 '유인력의 법칙'으로 철가루가 자석에 끌려오듯 저절로 실현되기도 하고, 때로는 '안테나 이론'에 의해 최선의 방법이 나타나서 그것을 실천하다 보면 어느새 실현되어 있기도 한다. 어쨌든 확언은 되는 것이다. 이제 독자 여러분도 뭔가 확언하고 싶은 생각이 들지 않는가?

10

토요타의 성공 신화를 이끈
엔지니어의 확언

1989년에 독일의 BMW와 벤츠는 미국의 고급차 시장을 독점하고 있었다. 그러나 하룻밤 새에 새로 등장한 자동차가 그들의 세상을 모두 뒤집어버렸다. 이 이단아는 더 빠르고, 더 조용하고, 더 경제적이고, 게다가 경쟁 차들보다 3만 불 이상(기존 차의 반값 정도)이나 저렴했다. 이 이단아(렉서스 LS400)는 전 세계 자동차 시장에 충격파를 보냈다. 바로 이것이 토요타의 세계시장 정복의 서막이었다.

하지만 렉서스가 거둔 성공의 길은 결코 쉽거나 순탄하거나 예상 가능한 것이 아니었다. 렉서스를 생산하기 전 토요타는 과거에 포니나 소나타를 수출하던 현대자동차의 상황과 동일했다. 미국의 서민들이 싸고 무난한 품질 때문에 사서 쓰는 그저 그런 자동차 – 마치 요즘의 중국산 제품에 따라다니는 이미지가 당시에는 일본 차를 따라다녔다 – 를 만들어내는 회사에 불과했다. 심지어는 너무나 열악한 토요타의 브랜드 가치 때문에 신제품에 렉서스라는 새 브랜드를 붙이고 토요타 제품이라는 사실을 철저히 숨겨서, 소비자들은 렉서스가 유럽에서 새로 들어온 명차라고 착각할 정도였다. 그런데 어떻게 이런 일이 일어났을까?

1980년대 초반 토요타는 자꾸만 치열해지는 저가 자동차 시장, 높아져가는 미국 무역 장벽, 치솟는 유가, 저가 자동차 생산의 수익성 한계 등으로 앞이 보이지 않는 막바지에 몰려 있었다. 아마도 10년 정도는 기존의 방식으로 버틸 수 있겠지만, 그 이상은 이 방식으로 생존을 지속하는 것은 불가능했다. 그러던 1983년 어느 날, 에이지 도요타 회장은 고급차 시장을 정복하는 것만이 살 길이라는 결심을 굳혔고, 전 임원이 모인 이사회에서 비장하게 물었다.

"우리가 세계 최고의 자동차를 만들 수 있나?"

모든 임원이 목청 높여 외쳤다.

"예——에!"

이에 에이지 회장은 토요타의 사운을 걸고 세계 최고의 자동차를 생산하겠다는 용기 있는 결정을 내렸고, 이후 6년간 회사의 모든 자원을 이 계획에 쏟아부었다. 당시 F1이라고 불린 이 비밀 계획은 단순히 세계 최고의 자동차를 만드는 것이 아니라, 자동차의 모든 부품과 부속들 – 즉 미션, 서스펜션, 오디오 시스템 등 – 까지 세계 최고로 만들겠다는 야심 찬 계획이었다. 이 계획은 중국산 저가 상품을 하루아침에 명품으로 만드는 것과 같은 엄청난 도박이었다. 이 도박을 성공시키기 위해서 토요타는 천4백여 명의 엔지니어와 2천3백여 명의 기술자와 450개의 차 모형과 약 10억 불의 비용을 들였다. 이 정도면 1990년대 초반에 보잉사가 777 점보제트기 개발에 투입한 인력의 절반에 해당되는 막대한 인력이

시동이 걸린 렉서스의 보닛 위에 삼페인 잔을 쌓아 렉서스의 정숙성을 보여주는 광고

었다.

시장에 소개된 지 2년 만에 렉서스는 메르세데스 벤츠사가 미국 시장에서 누려온 왕좌를 넘겨받았고, 유력한 상품 평가 기관인 JD파워(JD Power and Associates)에서도 차량 품질과 서비스 부문에서 평가 1위를 차지했다. 이후 렉서스는 이 평가에서 어떤 자동차들보다도 가장 많은 수상을 했다. 2년 만에 렉서스 LS400이 고급차 시장을 석권하자 벤츠와 BMW의 경영진은 "일본 회사들이 공존하려고 하는 것 같지 않아. 그들이 우리를 철저히 파괴하려고 하는 것 같아"라고 공포에 질려 말할 정도였다. 오늘날 렉서스는 전 세계에서 팔리고 있다. 렉서스는 2004년 JD파워의 86개 우수상을 받았고, 이 기관에서 LS400은 7년 연속으로 가장 고장 없는 차로 평가받았다. 2004년까지 렉서스는 약 2백만 대 이상 팔렸고 미국에서 4년 연속 최고의 고급차로 인정받았다.

어떻게 가장 싼 차를 만들던 토요타가 50년 만에 벤츠와 BMW와 같은 명차를 모두 제치고 시장을 평정하고, 심지어는 그들을 공포에 떨게 하는 단계까지 갈 수 있었을까? 바로 그것은 F1 계획의 총책임 엔지니어였던 스즈키의 확언 때문이었다. 스즈키는 애초에 새로 만들어질 차의 성능 기준을 확언으로 정했다. 스즈키는 단순히 새 차가 기존 명차인 벤츠나 BMW와 엇비슷해지는 것이 아니라 이 차들을 초월해서 미국 시장을 석권하는 것을 상상했다.

그래서 그는 새 차가 일곱 가지 핵심 분야, 즉 최고 속도, 연비, 무게, 실내 정숙성, 공기저항, 마력에서 벤츠와 BMW를 압도해야 한다고 생각했고 그 기준을 다음과 같이 확언했다.

- 배기량 4,000cc
- 최고 시속 222km 이상(당시 동급 벤츠 420 SE는 222km, BMW 735i는 220km)
- 연비 9km/ℓ 이상(벤츠 420 SE는 7.7km/ℓ, BMW 735i는 8.1km/ℓ)
- 중량 1,918kg 이하(당시 동급 차량들은 2,000kg 이상)
- 마력 230마력 이상(당시 모든 차는 200마력 이하)
- 시속 100km 기준 실내 소음 60데시벨 이하(BMW는 61데시벨, 벤츠는 63데시벨)
- 공기저항 0.32 이하(다른 고급차는 0.38~0.40, 당시 포르쉐 911이 0.32데시벨)

스즈키가 확언한 기준은 너무도 높아서 다른 엔지니어들은 모두 처음부터 강력하게 반발했다. 엔진의 힘이 좋으려면 더 무거워져서 연비도 떨어지게 되므로, 결국 이들 성능 기준을 모두 충족시키는 것은 불가능에 가까워 보였다. 엔지니어들은 나름대로 최선을 다했지만 이들 기준에 부합하기는 쉽지 않았고, 스즈키는 계속 "아직 안 돼(not yet)"라는 말로 퇴짜를 놓았다. "아직 안 돼"라는 말을 워낙 많이 하다 보니 나중에는 '아직 안 돼 정신'이라는 이름까지 붙을 정도가 되었다.

이렇게 스즈키가 완강한 태도를 취하자, 애초에 스즈키의 확언을 믿지 않던 엔지니어들도 차츰 믿기 시작하면서 태도가 변하기 시작했다. 이 기준들을 한꺼번에 만족시키는 혁신적인 기술은 없었지만, 엔지니어들은 작은 혁신적인 방법들을 총동원했고 그 결과는 놀라웠다.

우선 불가능해 보이던 공기저항 기준을 맞추기 위해서 기술자들은 다양한 방안을 짜내기 시작했다. 공기가 최대한 잘 흐르도록 창 유리와 문 손잡이를 요철이 없게 주변부에 딱 맞춰서, 공기가 갇히지 않고 부드럽게 흐르게 했다. 뒷유리도 정확한 경사 각도를 찾아서, 공기가 창 하단부에서 괴지 않고 자연스럽게 튕겨나가게 만들었다. 그중에서도 가장 천재적인 방안은 스포츠카에나 달리는 스포일러 – 공기저항을 눈에 띄게 감소시키지만, 미관상 세단에는 달 수 없었다 – 를 최초로 세단에 도입한 점이었다. 그들은 트렁크 뚜껑에 전혀 눈에 안 띄는 요철 형태의 일체형(built-in) 스포일러를 창안했는데, 겉으로는 너무나 자연스러워 사람들은 트렁크 뚜껑의 융기 부분을 전혀 눈치채지 못했다.

스즈키의 마력 기준을 만족시키는 엔진을 만드는 것은 마치 고래를 성냥갑에 넣는 것과 같다고 많은 사람들이 입방아를 찧었다. 스즈키의 차체 중량 기준은 지구상 어느 곳에서도 달성된 적이 없었기 때문에, 이것을 만족시키기 위해서 회사는 막대한 비용을 들여 기존의 용접기나 성형프레스와 같은 생산 설비를 통째로 맞춤형으로 바꿔야 했다. 게다가 새 부품이 10그램이라도 기준 중량을 넘게 되면 반드시 스즈키의 승인을 얻게 했다. 이런 노력이 누적된 결과로 만들어진 엔진은 목표를 초과 달성하여, 1996년에는 미 항공국에서 경비행기 엔진으로 승인받을 정도로 가볍고 부피가 작았다.

소음에 대해서는 소음의 주범이 되는 엔진의 진동을 줄이고, 실내로 진동이 전달되는 것을 줄이기 위한 다양한 방법을 동원하였다. 특히 실내를 샌드위치 형태의 이중강판으로 둘러싸 전 세계에서 가장 조용한 차가 되었고, 세계 최고의 음향 시스템에 적합하도록 실내를 구현해냈다. 그 결과 마치 가정에서 음악을 감상하듯 차 안에서 최고의 음향 시스템으로 음악을 감상할 수 있게 만들었다.

이러한 기술 혁신을 다 합치자 그 결과는 다음과 같이 놀라웠다.

- 최고 시속 222km 이상 → 250km 달성
- 연비 9km/ℓ 이상 → 9.9km/ℓ 달성
- 중량 1,918kg 이하 → 1,705kg 달성
- 마력 230마력 이상 → 250마력 달성
- 시속 100km 기준 실내 소음 60데시벨 이하 → 58데시벨 달성
- 공기저항 0.32 이하 → 0.29 달성

토요타의 성공 신화는 한 집단의 리더가 확언으로 비전을 제시하고 모든 구성원이 이것을 공유할 때 얼마나 큰 성과를 만들 수 있는지를 잘 보여준다. 여기에 드러난 확언의 기본 원리를 다시 정리하면 다음과 같다.

- 된다고 생각하면 방법이 보이고, 안 된다고 생각하면 장애물만 보인다.
- 확언과 상상은 된다는 느낌을 주어, 된다고 생각하게 만들고, 되는 방법을 찾게 한다.
- 우리가 원하는 것을 할 수 있는 방법은 항상 존재한다. 다만 의식

의 바깥에 머물 뿐이다.

– 확언을 하면 안테나가 되는 방법을 찾아준다.

PART 3

확언을
생활화하자

01

'나만의 맞춤 확언' 만들기

이미 확언에 관한 여러 가지 규칙을 배웠지만, 막상 확언을 만들려고 하니 아직도 여전히 막막하지 않은가? 많은 사람들의 반응이 "그런데 무슨 말을 하지?"일 것이다. 물론 타인이 쓴 확언 목록도 있지만 그것은 나에게 백 퍼센트 절실하게 느껴지지 않는다. 필자의 경험으로도 기성 확언은 참고의 가치가 있는 것이지, 나를 움직이고 감동시키는 나의 확언은 아니다. 한마디로 남의 옷을 입는 느낌이 드는 것이 당연하다. 그래서 필자는 모든 내담자에게 치료와 상담의 과정에서 직접 확언을 맞춰주고 있다.

그렇다면 독자 여러분들은 어떻게 할 것인가? 확언을 만드는 가장 쉬운 방법은 먼저 현재 나의 부정적 신념을 파악해서 바꾸는 것이다. 이 방법은 정말로 단순하고 쉽다. 지금 당장 "도대체 내 인생에서 문제가 되는 게 뭐야?"라고 물으면 머릿속에서 일련의 목록이 작성될 것이다.

아마도 이런 대답들이 나올 것이다.

나는 너무 늙었어 / 나는 너무 허약해 / 나는 건강이 달려 / 나는 게

을러 / 나는 돈에는 약해 / 나는 애정운이 없어 / 나는 겁이 많아 / 도대체 애들을 못 다루겠어 / 나는 운전에는 젬병이야 / 컴퓨터 때문에 미치겠어 / 도대체 성공하는 법을 모르겠어 / 나는 항상 잘못되는 생각만 해

우리는 우리가 만든 생각의 감옥 속에 갇혀 있다.
하나의 부정적인 생각이 하나의 쇠창살이다.

우리는 우리가 만든 생각의 감옥 속에 갇혀 있다.

이제 다시 목록을 보고서 이 '원하지 않는 것'들이 어떤 '원하는 것'들로 바뀌기를 바라는지 생각해보라.

‒ 나는 너무 늙었어 → 나는 항상 젊음이 넘쳐

나는 왜 하는 일마다 잘되지?

- 나는 너무 허약해 → 나는 튼실해
- 나는 건강이 달려 → 나는 건강해
- 나는 게을러 → 나는 잘 놀고 잘 일하고 잘 쉬어
- 나는 돈에는 약해 → 나는 돈을 사랑하고 돈도 나를 사랑해
- 나는 애정운이 없어 → 나는 사랑받기 위해 태어난 사람이야
- 나는 겁이 많아 → 나는 용감해
- 도대체 애들을 못 다루겠어 → 나는 아이 돌보기의 천재야
- 나는 운전에는 젬병이야 → 나는 세계 제일의 모범 운전자야
- 컴퓨터 때문에 미치겠어 → 나는 컴퓨터를 좋아하고 잘 활용해
- 도대체 성공하는 법을 모르겠어 → 성공은 쉽고 즐거운 거야
- 나는 항상 잘못되는 생각만 해 → 내 생각에는 영감과 활기가 넘쳐

어떤가? 생각보다 쉽고 재미있지 않은가? 확언은 이 세상 어떤 것보다 강력하고 효과적이며, 희망적이게도 쓰면 쓸수록 더 잘하게 된다.

이제 여기서 가장 손쉬운 방법으로 나의 의지에 따라 부정적 생각을 긍정적 생각으로 바꾸고, 맞춤 확언을 만들어 원하는 삶을 창조하는 법을 직접 연습해보자.

다음 각 영역에 대해서 "도대체 뭐가 문제야?"라는 질문으로 열 개씩의 부정적 생각을 떠올려 적어보라.

- 나의 건강
- 나의 일
- 나의 가족
- 나의 인간관계

- 나의 집
- 나의 일과 취미
- 나의 성격과 정신적 성장
- 내가 갖고 싶은 것들

"도대체 뭐가 문제야?" 대신에 '귀찮은 것', '성가신 것', '내게 없는 것', '해결이 안 된 것', '그러면 안 될 것' 등의 질문으로 대신해도 좋다. 이때 가장 중요한 것은 바로 이것이다.

"절대로 내 자신에게 정직하라! 진리가 나를 자유롭게 할 것이다."

이렇게 목록이 완성되면 이것들을 앞서 배운 대로 긍정확언으로 만들어보라. 만들어보면, 법 중의 법이 되는 헌법처럼 다른 확언을 포괄하고 내 삶의 최고 가치와 소망을 표현하는 '헌법확언'이 있을 수 있다. 그러면 특히 이 확언에 한두 주 이상 집중하는 것이 좋다. 이 '헌법확언'을 종이에 써서, 마치 내 육신의 일부인 듯 어디든지 들고 다니면서 자주 보라. 그러다 보면 마음의 초점이 '문제와 좌절'에서 '해결과 성공'으로 옮아가고, 마음이 잠시 궤도를 이탈하다가도, 곧 제자리로 돌아와 전체 인생의 대본이 바뀔 것이다. 기호에 따라 이들 확언을 선택확언이나 의문확언으로 바꾸어도 좋다.

매 순간 모든 삶의 영역에서 '원하지 않는 것'을 알아차리고, '원하는 것'을 알고 확언하여 현실에서 창조하라.

02

오늘부터 내 생각의 주인이 되라

확언은 원하는 것을 창조하는 가장 강력한 도구일 뿐만 아니라, 우리에게 올바르게 사고하는 법을 가르치는 가장 중요한 도구이기도 하다. 올바르게 사고하는 법을 모르면, 방향타 없이 떠도는 돛배처럼 '바람과 풍랑처럼 예측 불가능한 생각'에 내맡겨진 속절없는 불안한 신세가 된다. 생각의 주인이 되지 않으면 생각의 노예가 된다.

매일 한 시간씩 정성 들여서 확언과 상상을 하더라도, 나머지 스물세 시간을 습관적으로 부정적인 생각만 한다면 어떻게 될까? 상식적으로 '23>1'이고 그 결과도 당연히 '23>1'일 것이다. 너무나 명백한 이 사실을 많은 사람들이 잘 모르거나, 알아도 그들의 일상에서 적용하지 못하고 있다. 확언을 하면서도 일상에서는 평생의 습관대로 사고한다. 예를 들면 다음과 같은 것이다.

- 실수를 할 때마다 '바보야, 바보'라고 자책한다.
- 곤란한 상황이 생기면 '어떻게 해야 될지 모르겠네'를 반복하다가 멍해진다.

- 힘들 때마다 '왜 이렇게 짜증나고 피곤하지'라고 하다가 더 처진다.
- 잔이라도 하나 깨면 '제대로 하는 게 없구먼'이라고 스스로 비아냥거린다.
- 청구서의 결제가 밀릴 때마다 습관적으로 '나는 돈 벌 팔자는 못 돼'라고 자조한다.

그들이 습관적으로 하는 이 말들은 실제로 모두 확언이 되어 실현된다. 그들은 확언이 실현되지 않는다고 또 좌절하다가, '왜 나는 되는 게 없지'라고 습관적으로 생각하며, 영원히 이 굴레를 벗지 못하게 된다. 이런 사람들은 먼저 부정적인 생각들부터 고삐를 잡아야 한다. 이 과정에서 확언이 가장 쉽고 탁월한 도구가 된다. 이 과정을 한마디로 요약하면 다음과 같다.

습관화된 부정적 생각을 알아차리고 확언으로 대체하라.

예를 들어 당신이 자주 피로를 느껴 무심코 이렇게 말하는 것을 포착했다.

"정말 피곤하네."

바로 이 순간 즉각 생각을 멈추고 확언으로 대체하는 것이다.

"나는 활력과 에너지가 넘쳐" 또는 "나는 왜 이렇게 활력이 넘치지?" 또는 "나는 활력과 에너지가 넘치는 것을 선택한다" 등 어느 것이든 좋다. 그리고 이 확언을 크게 외치면서 온몸으로 느끼는 것이다. 물론 주변 상황에 따라 마음속으로 외쳐도 좋다.

이렇게 매 순간 부정적 생각이 포착될 때마다 확언으로 대체하는 것이 습관이 되고 생활화되면, 나를 짓누르는 몸과 마음의 짐을 모두 덜 뿐 아니라 나아가 인생 전체가 변화한다. 생리학적으로도 한 시간 동안 분노하고 있으면 80명을 죽일 수 있는 독소가 몸에서 생성된다. 즉 습관화된 부정적 생각은 매일 내 몸에 일정량의 독극물을 주입하는 것이라고 볼 수 있다. 이제 이런 것들이 확언으로 대체되면 몸과 마음의 독소가 사라져서, 강과 바다가 맑아지듯 자연정화가 일어나고 운명이 바뀐다.

물론 평생에 걸쳐 만들어진 생각의 독소는 일상의 다양한 모든 상황에서 자연스럽게 유발되므로, 변화가 하루아침에 일어나는 것은 아니다. 하지만 자주 꾸준히 하다 보면, 점차 모든 생각의 독소들이 포착되어 강력한 확언으로 대체되고, 그 결과 자아상이나 자기애나 매력, 자존감, 건강, 전반적인 업무 성취 등 모든 방면이 개선될 것이다.

확언을 생활화하면 나는 내 생각의 주인이 된다.
생각의 주인은 운명의 주인이 된다.

03

확언을 나 자신에게 광고하라

삼성이나 현대 등의 대기업은 자사의 상품과 브랜드를 알리기 위해 텔레비전, 신문, 인터넷 등의 다양한 매체와 방법을 총동원하여 광고에 수천억 이상을 쏟아붓는다. 영리를 목적으로 하는 기업들이 이렇게 막대한 돈을 쓰는 것은 물론 광고가 효과가 있기 때문이다. 잘 만든 광고는 소비자의 마음을 움직여 심지어 불필요한 상품까지도 사게 만든다. 이것이 광고의 효과다. 불쌍한 우리네 소비자들은 광고의 꼬드김에 넘어가, 별 필요도 없는 상품과 서비스에 충동적으로 얼마나 많은 정력과 돈을 갖다 바쳤던가.

광고의 효과가 얼마나 큰지 잘 보여주는 실례가 있으니, 80년대 후반 필자가 고등학생 때의 일이다. 이 당시에 주윤발의 〈영웅본색〉이라는 영화가 한국에서 엄청난 흥행을 했고, 80년대 후반에서 90년대 초반 무렵 국민들의 상당수는 물론 특히 중·고등학생들이 이 영화에 미쳤다. 심지어는 이 영화를 수십 번씩 보면서, 뜻도 모르는 대사나 노래를 외는 사람들까지 생길 정도였다.

주윤발과 장국영이 나올 때마다 객석에서 터지는 여학생들의 환호와

카메라 플래시. 이처럼 열렬한 극장 상황을 다시 볼 수 있을까? 이 당시 사람들에게 〈영웅본색〉은 하나의 표상이었다. 바바리코트, 쌍권총, 말보로 레드 담배, 성냥개비 등 영화 속에 등장하는 소품들까지 인기를 끌 정도였다. 이 영화로 인해 홍콩 느와르 영화 붐이 불었고, 주윤발과 장국영 신드롬이 일었다. 그중에서도 가장 압권은 영화에서 간접광고된 '말보로 레드' 담배였다.

이 무렵 고등학생이었던 필자의 반 아이들에게도 예외 없이 〈영웅본색〉 신드롬이 불었다. 주인공의 대사, 말투, 복장, 몸짓 등 아이들은 할 수 있는 것이면 다 따라 하기 시작했다. 그중에서도 주윤발이 위조지폐에 불을 붙여 말보로 레드 담배를 피우는 장면이 당시 남자 고등학생들에게 선망의 대상이었다. 누구나 이 장면을 이야기하고, 불붙이는 장면을 연기하다가, 자기도 모르게 심취해서는, 마치 진짜 담배를 물고 있는 양 심호흡을 하면서 빨아들였다.

한두 달이 지났을 때 이 모조 흡연의 여파는 놀라웠다. 그 당시만 해도 우리 반 50여 명 중에서 불과 두 명에 불과했던 흡연 학생이 30여 명 이상으로 불어나, 쉬는 시간이면 집단적으로 무슨 성스러운 의식을 치르듯, 주윤발 같은 표정을 지으며 말보로를 꺼내 나눠 피우게 되었다. 이 집단 흡연 현상은 우리 학교뿐만 아니라 전국적으로 일어났고, 아시아권에도 말보로 바람이 불었는지, 동아시아 전체에서 말보로 레드의 판매량이 열 배 이상 증가했다고 한다.

〈영웅 본색〉의 사례에서 보듯 광고는 우리의 행동을 지배한다.

애연가들도 독하다고 피우지 않던 그 말보로 담배를, 게다가 양담배

영화 〈영웅본색〉의 포스터로
주윤발의 흡연 장면이 보인다.

가격이 국산의 갑절이 넘던 그 시절에 모두가 피우게 만든 힘의 정체는 무엇일까? 그들은 자의든 타의든 주윤발의 흡연 장면에 계속 노출되었고, 주윤발의 매력에 깜빡 넘어갈 수밖에 없었다. 바로 이것이다. 소비자들을 자주 광고에 노출시키고, 광고에 사람을 끄는 매력을 넣으면 상품은 팔리는 것이다. 광고업자들은 우리들의 '가능성'의 벽에 자신들의 상품을 벽글씨로 새기기 위해 오늘도 부지런히 '반복과 감정'을 활용하고 있다.

광고의 힘은 '반복과 감정'에 있다.

그럼 이제부터 공익광고가 그러하듯, 우리 자신을 위한 광고를 우리 자신에게 사용하면 어떨까? 우리의 꿈을 실현시키는 내용을 담은 광고를 만들어 우리 자신에게 보여주는 것이다. 이 광고는 돈도 들지 않고, 타인의 비싼 상품을 구매하는 것도 아니다. 보면 볼수록 또 들으면 들을수록 내 꿈이 현실이 되는 광고이다. 이 얼마나 기쁘고 즐거운가? 그럼 우리를 위한 광고를 도대체 어떻게 해야 할까? 독자 여러분의 마음이 호기심에 조급해질 것도 같다. 하지만 먼저 잠시 짚고 넘어가야 할 것이 있다.

함께 즐겨요 ○○헛 / 생각이 에너지다 / 생각대로 하면 되고 / 나

는 ○○오일 ○○오일 ○○오일 ○○오일이니까 / JUST DO IT /
IMPOSSIBLE IS NOTHING

위의 빈칸에 무슨 말이 들어갈 것 같은가? 또는 무슨 상표의 광고인
것 같은가? 아마 전부를 맞춘 사람들도 상당히 많을 것이다. 누구에게나
익숙한 텔레비전 광고 구절들이니까. 앞서 본대로 광고업자들은 반복과
감정을 통해 텔레비전를 켜는 순간, 당신을 광고로 전신마취 내지는 최
면에 빠뜨리고 있다. 그들은 끊임없이 반복, 반복, 또 반복하여 결국은 자
신들의 상품을 사게 만든다.

또한 이들 광고 화면에는 우리의 감정에 호소하는 감동적이고 화려
한 장면들이 있고, 마약처럼 중독성이 있는 CM송이 있다. 당신은 소위
'되고 송'이라고 불리는 CM송을 아는가? 몇 번 듣자마자 당신은 이 노
래를 자신도 모르게 읊조리게 된다. 이것이 바로 반복과 감정 테크닉의
모든 것이다.

텔레비전 광고의 핵심은 CM송이다.

이제 드디어 확언에 '텔레비전 광고 기법'을 활용하는 방법을 설명
할 차례다. 바로 텔레비전 광고의 주요 요소인 노래를 확언에 활용하는
것이다. 확언은 가능성에서 가장 좋은 자유이용권이긴 하지만, 목적지에
다다를 때까지 경로를 유지해야 한다. 경로를 유지하지 못하면 탈선해
서 결국은 진부한 현실로 되돌아오게 된다. 이제 목적지로 가는 경로를
유지하기 위해서 당신의 확언을 노래로 만들어보라. 노래에는 리듬과 후
렴과 경쾌하고 밝은 감정이 실려 있고, 맘에 들면 저절로 자주 부르게 된

다. 바로 반복과 감정의 요소가 모두 실려 있는 것이다.

노래에는 중독성(반복)과 풍부한 감정이 있다.

현해탄에 몸을 던진 윤심덕, 안타깝게 자살한 김광석, 요절한 김현식의 노래를 들어보았는가? 반면에 〈쨍하고 해 뜰 날 돌아온단다〉를 부른 송대관은 어떤가? 말 그대로 음지에 쨍하고 해 뜨듯이 그는 이 노래 한 곡으로 10대 가수왕이 되었다. 내가 자주 부르는 노래는 바로 내 운명을 결정짓는다. 이제 우리 모두 새로운 노래로 새로운 운명을 만들어보자.

가수 인생은 노래대로 풀린다.

확언 노래를 부르는 가장 쉬운 방법은 이미 있는 노래의 가사를 내게 맞게 바꿔 부르는 것이다. 아래에 독자들의 이해를 돕기 위해 몇 개의 예를 만들어보았다. 이것들을 참고하여 모두 나에게 맞는 확언 노래를 만들어 불러보기를 바란다. 더 나아가 시간을 들여서라도 내 인생의 주제가도 하나 만들어 불러보기를 권한다. 필자는 프랭크 시나트라의 〈마이 웨이〉를 주제가처럼 부를 때마다 내면에서 힘과 결단력이 생기는 것을 경험한다. 수피 송가에는 다음과 같은 구절이 있다.

"영광의 노래를 불러라. 그러면 당신이 그 노래의 주인공이 될 것이다. 당신이 비록 지금 초라해도 노래를 부르면, 당신이 지금 부르는 그 노래의 주인공이 될 것이다.
스스로 선생이라 생각했지만 학생이었다는 사실을 알게 될 것이며,

스스로 돌멩이라고 생각했지만 다이아몬드였다는 사실을 당신은 알게 될 것이다.

영광의 노래를 불러라. 그러면 당신이 그 노래의 주인공이 될 것이다. 당신이 비록 지금 초라해도 노래를 부르면, 당신이 지금 부르는 그 노래의 주인공이 될 것이다."

영광의 노래를 불러라.
곧 당신이 부르는 그 노래의 주인공이 될 것이다.

실습 **확언 노래를 만들고 불러보자.**

아래에 한국전력의 CM송인 '빛이 있어'와 SK텔레콤의 일명 '되고 송'의 가사를 바꾸어 나열해보았다. 이들 노래들을 잘 듣고 참고하여, 독자 여러분의 구미에 맞는 새로운 노래를 불러, 마침내는 그 노래의 주인공이 되는 경험을 하기 바란다.

「빛이 있어 세상은 밝고 따뜻해~
우리들 마음에도 빛이 가득해~
빛은 행복~ 빛은 사랑~
아름답고 행복한 세상 만들어가요~ 만들고 있죠~

당신 있어 세상은 밝고 따뜻해~
나의 마음에는 당신이 가득해~
당신은 행복~ 당신은 사랑~

아름답고 행복한 세상 만들어가요~ 이미 그렇죠~

돈이 있어 우리 집은 밝고 따뜻해~
나의 통장에는 돈이 가득해~
돈은 풍요~ 돈은 기쁨~
풍요롭고 편안한 세상 만들어가요~ 만들고 있죠~

감사 있어 세상은 밝고 따뜻해~
우리들 마음에도 감사가 가득해~
감사는 행복~ 감사는 사랑~
아름답고 행복한 세상 만들어가요~ 만들고 있죠~

용서 있어 세상은 밝고 따뜻해~
우리들 마음에도 용서가 가득해~
용서는 행복~ 용서는 사랑~
아름답고 행복한 세상 만들어가요~ 만들고 있죠~」

「금 나와라 뚝딱 금메달이 되고~
은 나와라 뚝딱 은메달이 되고~
메달 못 따도 최선 다했으면 되고~
올림픽 생각대로 하면 되고~ 생각대로 돼

마음 아프면 두드리면 되고~
몸이 아파도 두드리면 되고~

인생에 성공하고픈 사람 확언하면 되고~
생각대로 하면 되고~ 생각대로 돼

마음 허전하면 유나방송 듣고~
몸이 아파도 유나방송 듣고~
이생에 성불하고픈 사람 유나방송 들으면 되고~
가르침대로 하면 되고~ 모두 성불하세요

마음 아파도 감사하면 되고~
몸이 아파도 감사하면 되고~
인생에 성공하고픈 사람 감사하면 되고~
감사하면 모두 다 돼~ 모두 감사해

그 사람도 용서하면 되고~
그 사건도 용서하면 되고~
걸림 없는 인생 원하는 사람 용서하면 되고~
용서하면 모두 성불해~ 모두 용서해

큰 바람 소리 대숲은 잡지 않고~
기러기 그림자 호수는 붙잡지 않고~
일 생기면 마음 나타나고 없으면 사라지고~
무심하면 모두 평화~ 모두 무심해」

온 국민을 간첩 공포증으로 몰아넣은 <똘이 장군>

필자가 초등학생이었을 때 전교생이 단체로 극장에 가서 보았던 영화가 있다. 거의 40여 년이 지난 지금에도 '텔레비전 광고 기법'과 '반복과 감정'을 생각하면 가장 먼저 떠오르는 것이 바로 이 영화다. 반공 계몽을 목적으로 제작되어, 전 국민에게 사랑받았던(강제되었던?) 국산 만화영화가 있으니 바로 <똘이 장군> 시리즈다.

70~80년대만 해도 초등학교에서 수시로 반공 표어 만들기나 포스터 그리기를 시켰다. 그중에 잘된 것은 교실 뒤편에 전시하거나 각종 대회에 제출하고는 했다. 이런 그림들 중 태반은 괴뢰군 — 당시에는 북한군이란 용어를 절대 쓰지 않았다 — 을 따발총 든 늑대로, 김일성 주석 — 당시에는 괴뢰 주석이라고 지칭했다 — 은 목뒤에 혹 달린 돼지로 그려놓기 일쑤였다. 이렇게 북한 공산당들은 모두 붉은 늑대라는 인식을 심어주었던 주범이 바로 이 작품이다.

그 당시 필자의 어린 마음에 이 만화는 일종의 공포 영화처럼 무섭고

영화 <똘이 장군>의 포스터이다.
돼지와 늑대가 보인다.

충격적으로 보였다. 공산당은 모두 늑대였고, 김일성은 가면을 쓴 붉은 돼지였다. 남자 간첩은 안 보이는 곳에서는 늑대로 변했고, 여자 간첩의 본 모습은 맴돌이를 하는 구미호였다. 과거 '전설의 고향'에나 나올 법한 인물들이 모두 공산당으로 등장했다. 남한 천지에 이런 늑대와 구미호들이 가면을 쓰고 숨어서 우리를

노리고 있다는 사실을 생각하면, 할리우드의 어떤 공포 영화도 이보다 무서울 수가 없었다. 이런 간첩의 공포가 전국을 뒤덮던 때가 불과 40년 전이다.

그런데 재미있는 것은 바로 이 만화영화에서도 똑같이 반복과 감정이 활용되고 있다는 점이다. 온 국민을 반복과 감정을 활용하여 공포의 도가니로 몰아넣는 데 대성공을 이루었다는 점에서 반드시 연구할 가치가 있어 보인다. 이 영화는 〈영웅본색〉과 달리 두려움이라는 감정을 잘 활용하고 있다. 늑대와 구미호, 붉은 돼지 같은 동물로 두려움과 혐오감을 심어주면서, 또한 텔레비전 광고 기법처럼 주제가도 적절히 활용하고 있다. 한마디로 이 영화는 정말 잘 만든 반공 광고 영화인 것이다.

그럼 이 영화에서 텔레비전 광고 기법이 어떻게 활용되었는지 한번 알아보자. 먼저 우리의 주인공 똘이 장군의 주제가는 다음과 같다.

「똘이 장군 나가신다 길을 비켜라
똘이 장군 앞서간다 겁낼 것 없다
덤벼라 덤벼라 붉은 무리 악한 자들아
무쇠 같은 주먹이 용서 못한다
용서 못한다

그 이름은 무적의 똘이 장군
그 이름은 무적의 똘이 장군
나간다 달린다 똘이 장군
똘이 장군 만만세
똘이 장군 나가신다 길을 비켜라

145

똘이 장군 앞서간다 겁낼 것 없다
왔노라 봤노라 싸웠노라 이겼노라
똘이 장군 가는 길 승리뿐이다
승리뿐이다
그 이름은 무적의 똘이 장군
그 이름은 무적의 똘이 장군
나간다 달린다 똘이 장군
똘이 장군 만만세」

노래 가사만 들어도 우리의 똘이 장군은 정말 씩씩하고 용감하고 언제 어디서나 우리를 구원해줄 것 같은 '감정'이 들지 않는가! 게다가 영화에서는 똘이 장군이 적을 무찌를 때마다 한 영화에서 몇 번씩 반복해서 이 노래를 들려준다. 정말 탁월하게 반복과 감정을 활용하는 것이다.

반면에 공산당을 늑대로 묘사한 장면에서 나오는 노래는 다음과 같다.

「우리는 천성이 너무 고약해
우리는 성격이 본래 야비해
사이좋은 걸 보면 신경질이 나지요
조용하기만 하면 괜히 불안해
그래서 내 이름은 늑---대

우리는 날마다 이빨 갈지요
우리는 싸움을 아주 좋아해
약한 자를 보면 가만두지 않아요

사이좋게 노는 것 우린 싫어해

그래서 내 이름은 늑---대」

　가사가 정말 유치하고도 단순하지만, 늑대 공산당에 대한 혐오 '감정'
이 마음에서 절로 우러나지 않는가! 보통 두려움이나 혐오감 같은 감정
은 일반 광고에 잘 쓰지 않지만, 금연이나 낙태처럼 어떤 행위를 금지하
고자 할 때는 많이 사용된다. 이외에도 특히 사이비 종교 단체들이 두려
움이라는 감정을 활용하여 자신의 종교를 신도들에게 강제하는 경우가
많다.

반복	감정
주제가의 반복, 단체 관람, 반공 포스터 그리기 등	늑대, 붉은 돼지, 구미호가 주는 두려움과 혐오감 / 늑대 주제가에 실린 혐오감

04

습관적인 말이 확언이 된다

모든 말은 경험을 불러일으킨다

우리는 하루에 몇 번의 생각을 할까? '오만 가지 생각'이라는 말이 있듯이 한 통계에 의하면 우리는 하루에 45,000~55,000번 정도의 생각을 한다고 한다. 그리고 생각은 모두 말로 이뤄지는 것임을 감안하면, 우리는 정말로 많은 말을 매일 사용하고 있는 것이다. 마치 숨을 쉬듯 우리는 매일 수많은 말을 하고 있다. 하지만 우리는 이렇게 수많은 말을 사용하면서도, 말이 우리의 인생에 어떤 영향을 주는지는 잘 모르는 채로 살아간다. 사실상 말은 우리의 감정 상태를 말 그대로 문자 그대로 모양 짓는다. 잘 모르겠다고? 의심스럽다고? 자, 그럼 다음 단락을 천천히 꼼꼼히 새기면서 읽어보라.

"나는 너무나 외롭다. 나는 막다른 골목에서 절망감이 가득하고 온몸은 병들었다. 이 세상이 나를 너무나 못살게 괴롭힌다. 내 인생은 마치 하수구나 진흙탕 같다. 나는 이렇게 살다가 눈도 점점 멀어가고, 귀도 안

들리다가, 잠도 못 자고, 숨쉬기도 힘들어지면서 1년이 지나면 암으로 죽을 거야. 나는 무기력하고 무능력하고 쓸모없고 절망적이다. 죽는 것밖에는 답이 없다."

자, 이번에는 다시 한 번 이 단락을 읽되 온몸으로 어떤 느낌이 드는지 잘 관찰해보라. 느낌이 적다면 큰 소리로 열 번 정도 읽어보라. 특히 외로움, 절망감, 무기력, 무능력, 절망 등의 단어를 읽을 때 어떤 느낌이 드는가?

이제 다시 다음 단락을 천천히 읽으면서 온몸에서 어떤 느낌이 드는지 살펴보라. 아주 천천히 느긋하게 그 느낌들을 잘 음미해보라. 느낌이 부족하면 큰 소리로 열 번 정도 읽어도 좋다.

"오늘도 즐겁고 재미있고 흥분된다. 하루하루가 놀라움과 보람과 가능성으로 가득 차 있다. 또 다른 내일의 즐거움을 생각하면 잠자는 것이 아까울 지경이다. 인생이란 웃음과 재미가 가득한 놀이동산과 같다. 나의 인생은 마술 같다. 나는 영감이 넘치고, 힘이 넘치고, 지혜가 넘친다. 산다는 것이 축복이다."

어떤 느낌이 드는가? 앞 단락과 전혀 반대의 느낌이 드는가? 뭔가 힘이 생기고 즐거워지고 흥분되는가? 도대체 그저 글자에 불과한 말이 무엇이기에 이런 효과를 내 몸에서 불러일으키는 것일까?

우리가 하나의 말을 듣게 되면 그 의미를 충분히 이해하기 위해서 이 말을 '내면화'시켜야 한다. 예를 들어 '죽음'란 말은 우리가 죽음에 관해 내면의 이미지나 느낌을 만들기 전까지는 아직 별다른 의미를 가지지 못한다. 사실 이 과정은 상당히 미묘하고 즉각적이라 우리가 의식적으로 인식하기는 어렵다.

하지만 어쨌거나 이 과정을 설명하면 우리가 죽음이란 말을 듣는 순간, 우리는 내부에서 '죽음이란 무엇이지?'라는 즉각적이고 자동적인 물음이 생겨난다. 이 물음은 사실 모든 말의 이해 과정에서 일어나지만 우리는 잘 인식하지 못한다. 물음과 동시에 이 죽음이라는 말은 우리 내면에서 즉각 이미지나 느낌을 불러일으키게 되고, 그 결과 우리는 이 말의 의미를 획득하게 된다. 한마디로 말해, 하나의 말의 의미를 충분히 이해하기 위해서, 우리는 그 말과 관련된 경험(이미지나 느낌)들을 내면에서 다시 떠올려야만 한다.

이 과정에서 우리는 모든 말을 이미 존재하는 벽글씨에 따라 '내면화'시킨다. 그 결과 우리는 동일한 단어에 대한 감정적 반응이 모두 다르다. 예를 들어 성폭력을 경험한 여자와 사춘기 남자 고등학생이 동일한 '성'이라는 말을 들어도 감정적 반응은 서로 다르다. 또 '지하철'이라는 말이 대구 지하철 화재 사건 피해자의 가족에게 일으키는 느낌과 서울 사람에게 일으키는 느낌은 다르다. 이제 우리는 말에 관해 다음과 같은 중요한 결론에 도달하게 된다.

우리는 말을 이해하기 위해서 그 말을 내면화시킨다.
고로 모든 말은 우리 내면에서 축소된 경험을 불러일으킨다.
결론적으로 모든 말은 축소된 경험이다.
'실패'를 이해하기 위해 우리는 실패의 경험을 내면에서 재현한다.
'성공'이란 말을 이해하기 위해서 성공의 경험을 내면에서 재현한다.

말을 조심하라
습관적으로 쓰는 말이 확언이 된다

많은 사람들은 힘든 상황에 처하다 보면, 부정적인 감정 상태에 빠져서 습관적으로 부정적인 생각과 말을 계속한다. 그러다 보면 상황이 더 고착되고 악화된다. [힘든 상황 → 부정적 감정 → 부정적 말과 생각 → 힘든 상황 반복 및 고착]의 연쇄 고리에서 벗어나지 못하게 되는 것이다. 이렇게 되면 부정적인 말이 습관이 되어, 우리 내면은 온통 부정적 생각과 감정으로 가득 차고 그것이 행동으로 나타난다.

힘든 상황을 억지로 긍정적으로 표현할 수는 없다. 예를 들어 친한 사람의 죽음으로 힘든 상황에서 '즐거워'라고 할 수는 없지만, 그 충격을 완충시킬 수는 있다. 당신이 너무나 힘든 상황에 처했을 때 무슨 말을 자주 하는가? 예를 들어 친구 사이인 갑돌이와 을돌이가 동업을 하다가 사업상의 곤란을 함께 경험하게 되었다. 이에 부정적인 갑돌이는 다음과 같은 말을 많이 한다.

미치겠네 / 죽겠네 / 환장하겠네 / 돌아가시겠네 / 열 받네/ 아유 짜증나

이 말들을 들으니 기분이 어떠한가? 상황이 잘 풀릴 것 같은가? 오히려 더 꼬이는 느낌이 들지 않는가?

낙천적인 을돌이는 동일한 상황에서 다음과 같은 말을 한다.

괜찮아 / 점차 풀릴 거야 / 한고비 넘기는 중이야 / 뭔가 방법이 생길

거야 / 가다 보면 또 길이 보일 거야

이 말을 들으니 어떤가? 일이 좀 풀릴 것 같지 않은가? 힘들어도 뭔가 희망이 생긴다는 느낌이 들지 않는가? 이렇게 외부 상황은 같아도, 이에 대응하는 나의 반응이 달라지면, 상황도 점차 호전되기 시작한다.

힘든 상황일수록 부정적 감정을 완충시켜라.

필자가 상담했던 한 여중생의 실제 사례다. 이 학생은 습관적으로 사용하는 부정적인 말만 바꾸었는데도 학업과 생활에서 눈에 띄는 변화가 나타났다.

평소에 자주 쓰는 부정적인 말	새로 바꾼 말
1 싫어	1 어떻게 되겠지
2 미치겠네	2 마음에 좀 걸리네
3 더러워	3 괜찮아
4 미워	4 차츰 좋아질 거야
5 짜증나	5 괜찮아

실습 내가 습관적으로 쓰는 부정적인 말을 다섯 개에서 열 개 정도 찾아서 적고 바꿔보자.

내가 평소에 자주 쓰는 부정적인 말	내가 바꿀 말

어느 날 신문을 펼쳐보았더니 다음과 같은 말들이 표제를 장식하고 있었다.

최악의 위기 / 자원 전쟁 / 자원 고갈 / 전쟁 위협 / 아프간 테러 / 연쇄 살인 / 물가 폭등 / 전세 대란 / 세금 폭탄 / 부동산 폭락 / 9월 위기설 / 주가 폭락 / 핵 위협 / 중소기업 줄도산 / 국가 부도설 / 금융 한파

이런 말들을 들으니 느낌이 어떤가? 지구의 종말이 다가오고 핵전쟁이 날 것 같은 느낌이 들지 않은가? 누군가 옆에서 종일 이런 말을 한다면 당신은 그 사람과 같이 있겠는가?

그런데 바로 우리 곁에 딱 붙어서 종일 이런 끔찍한 말만을 들려주는

친구 아닌 친구가 있다. 누구냐고? 바로 대중매체와 언론이다. 대중매체와 언론은 부정적 벽글씨의 주된 원천이다. 이제 이런 정보 원천은 멀리하고 긍정적 정보 원천을 가까이하라.

낡은 정보 원천 = 부정적인 정보 원천	새로운 정보 원천 = 긍정적인 정보 원천
기존의 낡은 벽글씨를 만들어 우리를 현재 상태에 가둬두고 있는 주범이다.	결코 손해 보지 않고 가장 수익률이 높은 투자로 당신 자신에 대한 투자이다.
텔레비전, 라디오, 신문, 잡지 등의 대중매체	동기 유발 도서 및 DVD, 즐겁고 편안한 음악, 자기 계발 강의 등

부정적 정보 원천을 차단하고, 긍정적 정보 원천을 가까이하라.

05

'완전 긍정과 가능성의 인간' 만들기 프로그램

아래의 프로그램을 한 달만 실천하면, 온몸에서 긍정의 땀 냄새가 나고, 가능성의 향이 날 것이다. 게다가 이런 것들을 평생 실천한다면 어떻게 될까? 그 어마어마한 결과에 상상이 힘들 정도가 아닌가? 먼저 다음 말을 명심하라.

"처음에는 내가 습관을 만들고, 나중에는 습관이 나를 만든다."
"생각이 말이 된다. 말이 행동이 된다. 행동이 습관이 된다. 습관이 성품이 된다. 성품이 운명이 된다."

1 부정적 정보 원천을 차단하라

언론이나 뉴스나 드라마에 나오는 말들이나 소식은 다들 너무 부정적이다. 어차피 모르고 살아도 사는 데에 지장이 없을 뿐만 아니라, 오히려 근심과 걱정, 스트레스만 증가시키는 것들이 대부분이다. 아침 드라마의 남자 주인공은 바람둥이고 여자 주인공은 히스테리 우울증의 화신들이다. 이런 것들을 매일 보고 있다면 어떻게 긍정적인 사람이 되겠는가? '가수 인생 노래대로 풀린다'는 말이 있듯, 우울하고 처지는 노래도 좋지 않다. 이제부터는 부정적 감정과 생각을 조장하는 모든 언론, 음악, 드라마 등은 끊어버리는 것이 좋다.

2 자기 계발에 투자하라

긍정적 마인드를 심는 자기 계발서를 많이 읽고, 자기 계발 프로그램에도 참가하는 등 자기 계발에 투자하는 것이 좋다. EFT의 창시자인 개리 크레이그는 평생을 이런 프로그램에 참가했고, 그 결과로 EFT라는 막강한 기법도 만들게 되었다. 펀드와 부동산은 폭락이 있지만, 자기에 대한 투자는 결코 폭락도 손실도 없으며, 종종 로또보다 큰 대박을 만들기도 한다. 평생 교육의 시대에 자기에 대한 투자보다 더 확실한 투자는 없을 것이다. 자, 그럼 구체적으로 이런 투자를 어떻게 할 것인가?

- 자기 계발서를 평생 다양하게 반복해서 읽는 것이 좋다. 필자는 심지어 출퇴근할 때에도, 화장실에서도 본다. 평생 보다 보니 결국은 이렇게 책까지 쓰게 되었다.
- EFT, NLP, 에니어그램, 웃음 치료, 각종 리더십 코스 등의 과정에 참가하라.
- 자기 계발에 관련된 동영상이나 오디오북 등을 자주 시청하라. 필자는 틈이 날 때마다 이런 것들을 보고 듣는다. 특히 러닝머신으로

운동하면서 영어 동영상이나 영어 오디오북을 시청하니, 운동과 영어와 자기 계발을 동시에 일석삼조로 할 수 있어 좋았다.

- 확언을 생활화하여 수시로 사용하라.
- 비전 보드를 활용하라. 사진을 활용하는 비전 보드는 상상에 많은 도움이 된다.
- 확언 노래를 불러라.
- 부정적 언어 사용 습관을 버려라.
- 편안한 마음을 만들고 유지하라.
- 코미디와 개그를 보면서 많이 웃어라.
- 인간 성취, 성공의 내용이 담긴 드라마나 영화를 많이 보라.
- 가볍고 경쾌하며 긍정적인 가사의 노래나 음악을 많이 들어라.
- 모든 일상에서 재미와 흥미를 찾고 시도하라. 매일 하는 청소도 즐거운 음악과 차 한 잔을 함께 한다면 일이 아니라 놀이가 될 수 있다.

06

확언에 관한 질문들

이 장에서는 독자 여러분이 확언을 더 잘 이해하고 활용할 수 있도록 워크숍이나 진료 중에 많은 사람들이 확언에 관해 궁금해하며 질문했던 사항들을 다시 한 번 설명하려고 한다.

확언을 하더라도 행동이 우선되어야 하지 않는가?

확언을 하더라도 먼저 행동이 반드시 필요한 것이 아닌가? 확언을 주제로 워크숍을 하다 보면 많은 분들이 이런 질문을 한다. 맞는 말이다. 생각만 한다고 결과가 저절로 다 생기는 것은 아니다. 하지만 그렇다고 하더라도 행동이 의지력을 통해 억지로 나와서는 안 된다. 필자의 경험으로는 결과를 얻기 위해 억지로 짜낸 행동은 자연스러운 일련의 행동 과정을 도리어 저해한다. 이것이 바로 사람들이 흔히 말하는 '작심삼일作心三日'이다. 내면의 동기 유발이 되지 않고 의지력에 의한 행동은 사흘을 넘기지 못하고 실패하고 결국 좌절감만 더할 뿐이다.

반면에 확언과 상상을 하면 마음속에서 자연스럽게 동기 유발이 되고, 이에 따라 성공을 위한 행동이 자연스럽게 나온다. 확언을 하는 것은 마치 연애를 하는 것과 같다. 한 남자가 좋아하는 여자가 생기면, 누가 시키지 않아도 자연스럽게, 평소에 전혀 하지 않던 편지도 쓰고 전화도 걸고 데이트 신청도 하듯, 동기 유발이 되면 행동은 저절로 나오는 것이다.

그래서 비만인 사람도 건강식을 저절로 선택하게 되고, 영업 사원이 저절로 큰 손님들을 거리낌 없이 찾아가게 되고, 배우나 가수가 저절로 연습량을 늘리게 된다. 그러면 과거에는 불가능해 보였던 목표들이 가능해 보이기 시작하고, 사람들은 성공을 위한 준비와 행동을 더 많이 하게 된다.

확언이 실현되는 데에 시간이 얼마나 걸리는가?

상당히 많은 사람들이 확언을 만든 뒤에 도대체 이것이 언제 달성될 것인지 궁금해한다. 특히 경제적으로나 육체적으로 여러 면에서 힘든 상황일수록 빨리 확언이 실현되기를 바라기 마련이다. 그러다 이런 기다림과 바람이 오히려 확언의 실현에 의심을 불러일으켜 확언의 실현에 방해가 되는 경우도 많이 보았다. 이 세상에서 아무리 용한 점쟁이라 하더라도 자신의 확언이 언제 실현될지 알려줄 수 있는 사람은 없다. 왜냐하면 이 세상은 내 마음의 방향에 따라 매 순간 새롭게 바뀌고 있고, 나의 마음이 내일 어떻게 바뀔지 나도 모르기 때문이다. 필자가 점쟁이는 아니지만 결론적으로 다음과 같이 말할 수 있다.

"확언은 가장 적절한 때에 가장 적절한 방법으로 실현된다."

이 말을 듣는 독자들은 "뭐야, 겨우 그 말을 대답이라고 하는 거야?"라고 불평할 수도 있을 것이다. 그래서 좀 더 덧붙이자면, 확언은 '생각보다 정말 빨리' 실현된다. 오늘 당장 제대로 된 확언을 30여 개 정도 하기 시작하면, 아무리 큰 목표들이라 하더라도 몇 개는 일주일 내에 달성되고 몇 개는 몇 달 내에 달성되다가, 마침내는 몇 년 내지 10년 정도가 지나면 다 달성되어 있을 것이다.

빠른 것은 빠른 대로, 늦는 것은 늦는 대로, 다 즐겁고 재미있는 일이다. 확언은 숙제하듯 의무감으로 하는 것이 아니다. 그저 가벼운 마음으로 확언하고 상상하는 과정 그 자체를 행복하고 편안하게 즐기다 보면, 신선놀음에 도끼 자루 썩는 줄 모르듯, 우리는 어느새 원하는 목표에 도달하게 된다.

참고로 EFT 마스터이자 선택확언을 만든 팻 캐링턴은 다음과 같이 자신의 경험담을 이야기하고 있다.

"나는 확언 수업을 받던 중 하루는 40여 명의 동료들과 1년 뒤에 동창회를 하기로 약속했다. 그리고 모든 사람이 이날 쓴 확언 목록을 지참하고서 1년 뒤에 다시 만나서 그 결과를 같이 나누기로 했다. 놀랍게도 우리가 했던 확언들의 상당수가 각 개인의 삶에 상당히 큰 변화가 필요한 것들(새로운 태도, 인간관계, 직업 변경, 행동 개선, 물질 소유, 성공, 사랑 등)이었음에도 불구하고 우리의 확언 중에서 무려 70퍼센트가 달성되어 있었다. 무려 70퍼센트라니. 여기에는 부분적으로 달성된 것이나 진행 중인 것들은 포함하지 않았다. 그러니 이 결과는 다들 충격을 받을 만한 것이었다.

그리고 이것은 나의 경험과도 일치했다. 나는 최근에 30개 정도의 확언을 적어둔 확언 카드들을 들추어보았다. 이 중에서 달성된 확언들을 세어 봤더니 무려 60퍼센트에 달하는 것이 아닌가! 그것도 불과 넉 달 만에."

확언을 할 때 열렬한 집중과 감정이 필요한가?

일부 자기 계발서들은 원하는 것에 집중하여 열렬하게 긍정적 감정을 느껴야 한다고 강조한다. 대표적인 책이 린 그라본의 《여기가 끝이 아니다》나 론다 번의 《시크릿》이라고 할 수 있는데, 긍정적인 것에 자꾸 집중하고 감정을 고취시키다 보면, 쉽게 지쳐서 오히려 역효과가 나는 경우가 많다. 이미 고인이 된 린 그라본의 경험을 보면, 소원이 잘 달성되다가도 감정 조절이 안 되어 불안해지면, 다시 곤두박질치게 되어 극과 극을 자주 반복하게 된다는 것을 알 수 있다.

아마도 서양인들은 감정이 풍부한 데다가 노장老莊사상과 불교 계열의 무심無心함에 익숙하지 않아서 그런 듯하다. 노장사상에 익숙한 필자의 경험으로는 무심한 가운데 마음에 새겨진 소원이 가장 쉽고 빠르게 실현되었고, 감정의 기복이 없어서 역효과도 없었다. 너무 원하는 것에 집중하여 억지로 긍정적 감정을 느끼지 않아도 편안하고 느긋하게 상상하고 확언하면 더욱 잘 이루어진다.

어떤 의미에서 확언과 상상은 마치 광고를 보고 듣고 읽는 것과 같다. 텔레비전에서 무심코 콜라 광고를 자주 보다 보니 우리는 삼겹살이나 고기를 먹을 때에 자연스럽게 콜라를 사 먹게 된다. 아마도 이 세상에서 광고에 온 마음을 집중하는 사람은 별로 없을 것이다. 우리가 집중해서 광고를 보지 않아도 광고는 부지불식간에 우리의 일상적인 행동을 지배하고 있다. 이렇게 내가 원하는 삶의 모습을 나의 무의식에 자주 노출시키다 보면 우리의 소원은 이루어진다.

정말 열심히 해도 확언이 실현되지 않는 이유는 무엇인가?

정말 열심히 확언을 했는데도 실현되지 않는다면 그 이유가 무엇일까? 확언을 제대로 했다면 실현되지 않을 수가 없다. 열심히 했지만 제대로 못한 것이다. 그럼 왜 제대로 못했을까? 가장 큰 이유는 꼬리말이다. 브레이크가 걸린 차가 잘 나갈 수 없듯, 꼬리말이 붙은 확언은 잘 실현되지 않는다. 확언에 꼬리말이 붙는 이유는 대체로 확언이 진정으로 원하는 것이 아니라 당위적이고 의무적인 것이기 때문이다. 이외에도 과거의 상처와 실패 경험이 너무 많은 경우에도 이것들이 꼬리말이 된다. 이렇게 과거의 상처가 너무 많은 사람은 EFT로 과거의 많은 상처를 치유하는 것이 좋다. 따라서 이런 꼬리말을 잘 찾아서 EFT로 지워야 한다.

PART 4

확언에
날개를 다는
EFT

01

확언과 꼬리말

확언은 중력과 같이 반드시 작용한다. 그런데 왜 많은 사람들의 확언이 효과가 없을까? 사실은 보통 사람들이 하는 확언의 이면에는 이 확언에 저항하는 내용의 생각들이 붙어 있고, 현실에서는 확언과 이 반대되는 생각들의 힘이 균형을 이루는 만큼만 실현된다. 이런 반대되는 생각을 '꼬리말'이라고 하는데, 과연 꼬리말이 무엇인지 사례를 통해 알아보자.

사례) 50대 남성 내담자로 사람들 앞에서 자신감이 항상 부족하여 "나는 자신감이 있다"라고 확언하고 다음의 빈칸에 들어갈 말을 넣어보라고 하였더니 다음과 같은 꼬리말이 나왔다.

나는 자신감이 있다. 하지만 나는 _____ 하다.
- 나는 대학에서 낙제를 했다.
- 초등학교 6학년 때 공부도 못하고 발표를 못해서 친구들이 심하게 놀렸다.

− 아내는 매일 나에게 못마땅하다며 잔소리를 해댄다.
− 잘사는 친구들을 만나면 기가 죽는다.

이 사람이 이런 꼬리말을 제거하지 못한 채로 확언을 하게 되면, 확언을 할 때마다 마음속에서 이런 생각이 더 강하게 올라오게 되고, 확언을 하면 할수록 마음속의 의심과 부정적 감정은 더 심해지다가, 나중에는 지쳐서 결국 포기하게 된다. 바로 이러한 꼬리말들이 확언이 효과가 없는 것처럼 보이게 만드는 주범이다. 확언은 반드시 실현된다. 다만 약간의 손질이 필요할 뿐이며, 그것은 바로 꼬리말을 지우는 작업이다.

꼬리말이라는 쇠사슬이 우리를 속박하고 있다.

이번에는 꼬리말이 없는 확언을 한번 보기로 하자. 남성 독자들은 다음 빈칸을 채워보라.

나는 남자다. 하지만 _____다.

여성 독자들은 다음 빈칸을 채워보라.

나는 여자다. 하지만 _____다.

빈칸에 어떤 말이 떠오르는가? 아마도 일부 특수한 상황, 즉 커밍아 웃이 필요한 분들을 제외하고서는, 거의 대부분의 사람들은 아무 꼬리말 도 없고, 별 느낌도 생기지 않을 것이다. 바로 이것이다. 이것이 꼬리말이 없어 백 퍼센트 실현되는 확언의 느낌이다.
몇 개를 더 해보도록 하자.

해는 동쪽에서 뜬다. 하지만 _____다.
한국의 동쪽에는 일본이 있다. 하지만 _____다.
오늘은 금요일(해당하는 요일을 말하라)이다. 하지만 _____다.
하루는 스물네 시간이다. 하지만 _____다.

이번에는 조금 다른 것을 해보자.

나는 행복하다. 하지만 _____다.
나는 성공한다. 하지만 _____다.

나는 건강하다. 하지만 _____ 다.

　　이번 확언에는 많은 사람들이 꼬리말을 붙였을 것이다. 만일 이 꼬리말들이 모두 사라지면 어떻게 될까? 그 결과가 궁금하지 않은가?

EFT란 무엇인가?

문제 확인

치료하고 싶은 증상 확인(육체적/심리적 문제)
주관적 고통 지수 측정: 0~10 사이로 고통 지수 측정하기

```
0    1    2    3    4    5    6    7    8    9    10
```

기본 과정

① 준비 단계

가슴 압통점을 문지르거나 손날 두드리기를 하면서 수용확언을 3회 말하기

- 수용확언

나는 비록 _____하지만
깊게 완전히 나 자신을 받아들입니다.

- 연상어구 _____

연상어구를 반복해서 큰 소리로 말하면서 다음의 타점들을 5~7회 두드리기

눈썹 / 눈 옆 / 눈 밑 /
코 밑 / 입술 아래 /
쇄골 / 겨드랑이 아래 /
명치 옆 / 엄지 / 검지 /
중지 / 소지 / 손날

③ 뇌조율 과정

손등점을 계속 두드리며 아래 동작을 순서대로 하기

❶ 눈을 감는다. ❷ 눈을 뜬다. ❸ 머리는 움직이지 말고 눈동자만 최대한 빨리 오른쪽 아래를 본다. ❹ 머리는 움직이지 말고 눈동자만 최대한 빨리 왼쪽 아래를 본다. ❺ 머리는 움직이지 말고 눈동자만 시계 방향으로 크게 돌린다. ❻ 머리는 움직이지 말고 눈동자만 시계 반대 방향으로 크게 돌린다. ❼ 밝은 노래를 약 2초간 허밍한다. ❽ 1부터 5까지 빨리 숫자를 센다. ❾ 다시 약 2초간 허밍한다.

④ 연속 두드리기(반복)

연상어구를 반복하면서 다음의 타점들을 5~7회 두드리기

눈썹 / 눈 옆 / 눈 밑 / 코 밑 / 입술 아래 / 쇄골 / 겨드랑이 아래 / 명치 옆 / 엄지 /
검지 / 중지 / 소지 / 손날

조정 과정

효과 없음	부분적인 효과	완전 치유
고통 지수에 변화가 없음	고통 지수가 조금 감소함	고통 지수가 0이 됨
⋮	⋮	⋮
문제를 구체화하고 기본 과정 다시 시도하기	수용확언을 "나는 비록 여전히 ＿＿이 남아 있지만…"으로 변경	치료 종료
	⋮	
	연상어구는 "여전히 조금 남은 ＿＿"로 변경	

EFT의 순서

EFT(Emotional Freedom Techniques)는 마음과 몸의 문제를 해결하는 새로운 방법으로 '침을 사용하지 않는 침술'이라고 불리기도 한다. 간단히 설명하면, 해결하고 싶은 심신의 문제를 입으로 되뇌면서 손가락으로 온몸의 주요 경혈을 두드리는 아주 간단한 심신 조절법이다.

EFT는 인체를 하나의 정교한 에너지 시스템으로 본다. 그리고 육체적, 정신적, 감정적 문제들은 모두 그 에너지 시스템의 조화가 깨져 나타난 현상으로 이해한다. 따라서 그 원인이 무엇이든 간에, 인체 시스템에 가해진 충격과 부조화를 본래 상태로 바로잡으면 문제는 자연스럽게 사라진다. 이때 증상 또는 문제를 구체적인 말로 표현하는 이유는 뇌로 하여금 그 문제에 집중하게 하기 위함이다.

14경락의 중요한 경혈들을 두드리는 이유는 체내에 압전기의 효과를 주어 인체 내부의 에너지 흐름이 정상으로 회복되도록 조절하기 위함이다.

타점의 위치

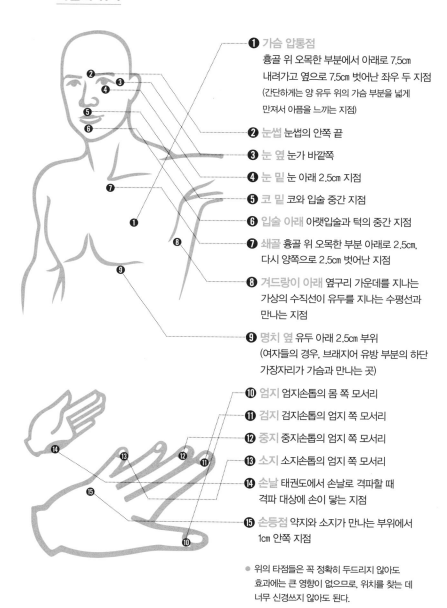

❶ **가슴 압통점**
흉골 위 오목한 부분에서 아래로 7.5㎝
내려가고 옆으로 7.5㎝ 벗어난 좌우 두 지점
(간단하게는 양 유두 위의 가슴 부분을 넓게
만져서 아픔을 느끼는 지점)

❷ **눈썹** 눈썹의 안쪽 끝

❸ **눈 옆** 눈가 바깥쪽

❹ **눈 밑** 눈 아래 2.5㎝ 지점

❺ **코 밑** 코와 입술 중간 지점

❻ **입술 아래** 아랫입술과 턱의 중간 지점

❼ **쇄골** 흉골 위 오목한 부분 아래로 2.5㎝,
다시 양쪽으로 2.5㎝ 벗어난 지점

❽ **겨드랑이 아래** 옆구리 가운데를 지나는
가상의 수직선이 유두를 지나는 수평선과
만나는 지점

❾ **명치 옆** 유두 아래 2.5㎝ 부위
(여자들의 경우, 브래지어 유방 부분의 하단
가장자리가 가슴과 만나는 곳)

❿ **엄지** 엄지손톱의 몸 쪽 모서리

⓫ **검지** 검지손톱의 엄지 쪽 모서리

⓬ **중지** 중지손톱의 엄지 쪽 모서리

⓭ **소지** 소지손톱의 엄지 쪽 모서리

⓮ **손날** 태권도에서 손날로 격파할 때
격파 대상에 손이 닿는 지점

⓯ **손등점** 약지와 소지가 만나는 부위에서
1㎝ 안쪽 지점

● 위의 타점들은 꼭 정확히 두드리지 않아도
효과에는 큰 영향이 없으므로, 위치를 찾는 데
너무 신경쓰지 않아도 된다.

두드리는 방법

1. 검지와 중지를 가지런히 나란히 모아서
   두 손가락으로 두드린다.

2. 타점 중에서 일부는 대칭적으로 신체 좌우에 위치하는데
   어느 쪽을 두드려도 상관없다.(양쪽을 다 두드려도 됨)

3. 가슴 압통점은 두드리지 말고 양손 손가락으로 넓게 문질러
   준다.

4. 두드리는 손은 좌우 어느 쪽이든 편한 손을 사용한다.

EFT 실습

먼저 내가 해결하고 싶은 증상이나 문제를 한 가지 택한다.

육체적 문제의 예) "왼쪽 어깨가 쑤신다."
심리적 문제의 예) "내일 발표를 망칠까봐 두렵고 긴장된다."

문제를 택한 후에는, 그것으로 인해 불편한 정도를 확인한다. 불편한 정도(고통 지수)는 0에서 10 사이의 숫자로 등급을 매기는데, 0은 아무런 불편함 없이 편안한 상태이고 10은 도저히 감당하기 힘들 정도의 불편함 또는 고통이 느껴지는 상태다. 어렵게 생각할 것 없이, 그저 자신의 주관적 느낌을 따라 등급을 매기면 충분하다.

고통 지수의 예) 견디기 힘든 정도는 아니지만 불편함을 분명하게 느낀다면 고통 지수는 5로 매길 수 있다.

이제 본격적으로 문제를 해결하는 과정을 시작한다. 선택한 증상이나 문제를 아래 문장의 빈칸에 넣는다. 이것을 수용확언이라고 한다.

"나는 비록 ＿＿＿＿＿하지만, 깊게 완전히 나 자신을 받아들입니다."

수용확언의 예) "나는 비록 왼쪽 어깨가 쑤시지만, 깊게 완전히 나 자신을 받아들입니다." / "나는 비록 내일 발표를 망칠까봐 두렵고 긴장되지만, 깊게 완전히 나 자신을 받아들입니다."

그리고 가슴 압통점을 가볍게 문지르거나 손날을 두드리면서, 완성된 수용확언을 3회 소리 내어 반복한다.

그런 후에, 문제나 증상을 짧게 줄인 말을 소리 내어 반복하면서 EFT의 각 타점들을 5~7회씩 연속적으로 두드린다. 여기서 짧게 줄인 말을 연상어구라고 한다.

연상어구의 예) "왼쪽 어깨가 쑤신다." / "내일 발표를 망칠까봐 두렵다."

타점을 두드리는 순서는 다음과 같다. (타점 위치는 172쪽 참고)
– 눈썹, 눈 옆, 눈 밑, 코 밑, 입술 아래, 쇄골, 겨드랑이 아래, 명치 옆, 엄지, 검지, 중지, 소지, 손날
타점을 전부 두드리고 나면 좌뇌와 우뇌를 조화시키는 뇌조율 과정

을 시행한다.(뇌조율 과정의 자세한 방법은 170쪽 참고) 뇌조율 과정을 하는 동안에는 손등점을 계속 두드린다.

뇌조율 과정이 끝나면, 타점을 연속으로 두드리며 연상어구를 반복하는 과정을 한 번 더 시행한다.

이상으로 EFT 1회전을 끝마쳤다. 1회전이 끝난 후에는 처음에 매겨두었던 고통 지수와 현재의 고통 지수를 비교해본다. 숫자가 달라지지 않은 경우에는 수용확언을 좀 더 구체적인 표현으로 바꾸어서 전 과정을 다시 반복한다.

수정된 수용확언의 예) "나는 비록 왼쪽 어깨가 바늘로 콕콕 찌르는 듯이 쑤시지만, 깊게 완전히 나 자신을 받아들입니다."

고통 지수가 0이 될 때까지 EFT 과정을 반복한다. 고통 지수가 0이 되면 다른 문제나 증상에 EFT를 적용해본다.

EFT의 자세한 원리와 고통 지수를 0으로 만드는 다양한 기법에 대해서는 《5분의 기적 EFT》와 EFT KOREA의 홈페이지(eftkorea.net)를 참고하기 바란다.

03

꼬리말을 EFT로 뎅강 잘라버려라

필자가 지금 이 원고를 쓰고 있는 때가 1월인데, 불과 며칠 전에 수백만 명이 동해로 가서 해돋이를 보면서 새해의 소원을 빌었다는 뉴스를 보았다. 필자의 휴대전화로도 여러 명의 지인이 새해 벽두에 해돋이를 보면서 소원을 빌었다고 문자를 보냈다. 그런데 이렇게 많은 사람들이 새해마다 또 필요한 순간마다 나름의 확언을 하는데 왜 모두 소원을 이루지 못하는가?

그것은 바로 꼬리말 때문이다. 한마디로 꼬리말이 우리의 인생과 확언이 순항하는 데에 브레이크를 걸고 있는 것이다. 개리 크레이그에 의해 EFT가 세상에 알려지기 전까지 확언은 그저 외로운 꿈의 표상이었고, 확언을 하는 사람들은 꼬리말이 올라올 때마다 그저 확언을 반복하여 꼬리말을 덮어두는 수밖에 없었다. 덮고 덮고 덮고, 꼬리말이 올라오면 또 덮고 덮고 덮고. 상당히 긍정적이고 낙천적인 사람이라면 이 과정을 지속할 수 있겠지만, 많은 사람들은 얼마 못 가서 지치고 말 것이다.

그래서 수많은 사람들이 확언을 했지만, 또 많은 사람들이 지쳐서 포기하고 좌절하게 되었다. 확언은 이 세상 어떤 도구보다도 강력하지만 뭔가 좀 더 보충할 도구가 필요하다. 하지만 이제 우리에게는 EFT가 있고, 이 초강력 지우개로 어떤 꼬리말이든 잘라낼 수 있게 되었다.

자, 이제 아래 표에서 왼쪽의 '과거의 확언'만 소리 내어 읽어보라. 다음에 오른쪽의 '꼬리말이 잘린 확언'만 소리 내어 읽어보라.

과거의 확언	EFT로 꼬리말이 잘린 확언
1 나는 행복하다. 하지만 돈이 없다.	1 나는 행복하다.
2 나는 성공한다. 하지만 학력이 부족하다.	2 나는 성공한다.
3 나는 건강하다. 하지만 나는 키가 작다.	3 나는 건강하다.

바로 이것이다. 기분이 어떤가? 아주 좋지 않은가? 이제 확언으로 내 인생을 다시 쓰고, EFT로 꼬리말을 지워라. 꼬리말을 지우고 확언을 다시 써라. 꼬리말을 지우고 확언으로 내 인생을 다시 써라. 또 지우고 다시 써라. 이렇게 꼬리말이 사라지면, 이제 당신의 인생은 순항하는 일만 남았다.

확언으로 내 인생을 다시 쓰고, EFT로 꼬리말을 지워라.

지우고 다시 써라.

지우고 다시 써라.

이제 당신의 새로운 인생을 축하한다.

04

EFT로 꼬리말을 찾고 지우는 공식

그럼 구체적으로 확언과 EFT를 결합하여 꼬리말을 지우는 공식을 설명해보자. 요점은 다음과 같다.

1. 새로운 인생을 만들 확언을 만들어라.
2. 확언을 일상에 적용하고 효과를 확인하라.
3. 효과가 나지 않을 때에는 꼬리말들을 찾아라.
4. 이 꼬리말들을 필요하면 다양한 양상으로 나누어 EFT를 적용하라.
5. 확언을 다시 반복하고 필요할 때마다 3과 4의 단계를 반복하라.
6. 마침내 당신의 꿈이 실현되는 것을 경험하고 감사하고 축하하라.

이에 대한 자세한 설명은 다음에서 사례를 통해 보도록 하자.

꼬리말을 찾고 지워보자

꼬리말을 지우기 위해서는 먼저 꼬리말들을 찾고, 그다음에 각 꼬리말의 양상을 찾아야 한다. 먼저 꼬리말과 꼬리말의 양상을 찾는 방법을 알아보자.

첫째, '하지만(yes but)' 기법을 활용하여 꼬리말을 찾아라.
둘째, '왜(why)' 기법을 활용하여 꼬리말의 양상이 드러날 때까지 '왜'를 물어라.

이해를 위해 구체적인 사례를 들어보자.
20대 후반 직장 여성 한예슬은 최근 3년 동안 체중이 10킬로그램이 증가하여 58킬로그램이 되는 바람에, 예쁜 옷도 입지 못하고 자신감도 떨어져서 "나의 현재 체중은 48킬로그램이다"라고 확언을 하였다. 하지만 살도 빠지지 않고 스트레스만 쌓여 필자를 찾아왔다. 이제 그녀가 확언의 꼬리말을 찾고 지우는 과정을 함께 해보기로 하자.
먼저 '하지만' 기법을 활용하여 꼬리말을 찾아보자.

– 나의 현재 체중은 48킬로그램이다. 하지만 나는 _____이다.
(또는 _____하다).

그래서 나온 꼬리말은 다음과 같다.

1. 나는 간식을 못 끊는다.

2. 나는 운동을 싫어한다.

3. 나는 날씬해지면 옷값이 걱정된다.

이렇게 하여 우리는 그녀를 이 상태에 머무르게 하는 세 개의 꼬리말을 찾았다.

이제 이 단계에서 '왜' 기법을 활용하여 각 꼬리말의 양상을 찾아보자.

일단 1번 꼬리말을 먼저 처리해보자.

1. 나는 간식을 못 끊는다.

왜 못 끊지? → 나는 간식 먹는 것을 멈추고 싶지 않기 때문이다.

왜 멈추고 싶지 않지? → 나는 간식을 좋아하기 때문이다.

왜 좋아하지? → 나는 간식을 먹어야 기분이 풀어지기 때문이다.

왜 기분이 풀어져야 하지? → 나는 때때로 스트레스를 받기 때문이다.

왜 스트레스를 받지? → 때때로 가족들이 나를 무시하기 때문이다.

왜 무시한다고 생각하지? → 아빠와 엄마가 자주 내게 짜증을 내기 때문이다.

왜 부모님이 짜증을 내지? → 내가 자주 대들고 말을 안 들으니까.

왜 대들고 말을 안 듣지? → 부모님 때문에 과거에 사랑했던 사람과 헤어졌으니까.

왜 그것 때문에 대들고 말을 안 듣게 되지? → 문득 혼자 있다는 생각이 들면 외롭고, 그 사람 생각도 나고, 그 사람을 만날 때, 부모님이 못된 남자 만난다고 마구 욕하고 때리던 생각이 나면서 화가 나니까.

빙고! 이렇게 사정없이 '왜'를 날리다 보니, 결국 '간식을 못 끊는다'의 구체적인 양상은 다음과 같이 정리되는 것이다.

문득 혼자라서 외롭다 / 그 사람 생각이 난다 / 그를 만날 때 부모님이 나를 욕하고 때린 기억 때문에 화가 난다

이렇게 나온 세 개의 양상을 EFT의 수용확언으로 만들면 다음과 같다.

"나는 문득 혼자라서 외롭지만, 마음속 깊이 진심으로 나 자신을 받아들입니다."
"나는 자주 그 사람 생각이 나지만, 마음속 깊이 진심으로 나 자신을 받아들입니다."
"나는 그 사람을 만날 때 부모님이 욕하고 때린 기억 때문에 화가 나지만, 마음속 깊이 진심으로 나 자신을 받아들입니다."

이렇게 수용확언을 만들어 EFT를 적용하여 이 양상들의 고통 지수가 0이 되면 꼬리말 하나가 사라지는 것이다. 참고로 '부모님이 욕하고 때린 것'은 기억이므로 위의 수용확언을 적용해도 되지만 '영화관 기법'을 활용하는 것이 훨씬 더 완벽하다. '영화관 기법'에 대해서는 《5분의 기적 EFT》를 참고하라.
이번에는 2번 꼬리말에 '왜'의 칼날을 들이대어 양상을 맛있게 발라내보자.

2. 나는 운동을 싫어한다.

왜 싫어하지? → 힘들고 피곤하니까.
이번에는 비교적 쉽게 일찍 끝났다.

"운동이 힘들고 피곤하지만, 마음속 깊이 진심으로 나 자신을 받아들입니다."

이상의 수용확언으로 운동에 대한 혐오감을 0으로 지우는 것이다.
이제 마지막으로 3번 꼬리말에 '왜'의 칼날을 들이대보자.

3. 나는 날씬해지면 옷값이 걱정된다.

왜 걱정되지? → 옷을 모두 새로 사야 되니까.
왜 새로 사는 것이 싫지? → 월급이 충분하지 않으니까.
이것도 비교적 일찍 끝났다.

"나는 월급이 충분하지 않지만, 마음속 깊이 진심으로 나 자신을 받아들입니다."

이상의 수용확언으로 부족한 월급에 대한 부담감은 지금 지울 수 있지만, 옷값이 생기는 것은 아니지 않는가? 뭔가 좀 더 나은 것이 없을까? 이런 경우에는 새로운 신념을 확언으로 심어 넣어주는 것이 좋다.

"나는 새 옷을 살 여유가 충분하다."

"나는 새 옷을 살 여유가 충분해지는 것을 선택한다."

"왜 나는 새 옷을 살 여유가 충분하지?"

"왜 나는 새 옷을 살 여유가 점점 충분해지지?"

이렇게 긍정확언, 선택확언, 의문확언을 활용하여 네 개의 확언을 만들었는데, 취향에 따라 골라 사용하면 된다.

자, 어떤가? 종합해보면 이렇게 해서 우리는 세 개의 꼬리말을 지우고 한 개(네 개 중 하나를 선택)의 새로운 확언을 얻었다.

EFT를 적용하기 전의 확언	EFT를 적용한 뒤의 확언
나의 현재 체중은 48킬로그램이다. 하지만 나는 간식을 못 끊는다.	나의 현재 체중은 48킬로그램이다.
나의 현재 체중은 48킬로그램이다. 하지만 나는 운동을 싫어한다.	나의 현재 체중은 48킬로그램이다.
나의 현재 체중은 48킬로그램이다. 하지만 나는 날씬해지면 옷값이 걱정된다.	나의 현재 체중은 48킬로그램이다. 왜 나는 새 옷을 살 여유가 점점 충분해지지?

이렇게 정리해놓고 다시 좌우를 비교해보자. 먼저 왼쪽의 확언을 읽어보라. 다시 오른쪽의 확언을 읽어보라. 느낌이 어떤가? 바로 이것이 '확언과 EFT'의 결합이 만드는 강력한 힘이다.

그럼 우리의 한예슬 양은 어떻게 되었을까? 그녀는 이 확언들을 3개월간 하면서, 운동이 점점 좋아졌고, 벌써 날씬해진 느낌이 들면서, 저절로 식사량이 줄어들었고, 간식도 끊어졌으며, 체중도 48킬로그램으로 돌아갔다. 게다가 이 과정의 보너스로 예상치 않았던 부모님과의 관계도 회복되었고, 부모님이 인정하고 자기도 좋아하는 애인이 생겼으며, 회사에서 특별수당을 받아 옷값도 충분해졌다.

05

EFT로 신념 바꾸기

모든 꼬리말은 일종의 신념이다. 그럼 신념이란 과연 무엇인가? 우리는 우리의 신념대로 만물을 이해하고 판단하고 규정하며 신념에 따라 행동한다. 이것을 벽글씨로 바꾸면, 우리는 우리의 벽글씨대로 만물을 이해하고 판단하고 규정하며 벽글씨에 따라 행동한다. 앞서 이야기한 벽글씨와 신념은 결국 같은 것이다.

벽글씨와 신념은 동일하다.

많은 사람들이 신념(belief)과 사실(fact)을 구분한다. 예를 들어 '나는 할 수 있다'와 같은 것은 신념이고, '중력이 만물을 끌어당긴다'와 같은 것은 사실이라고 생각한다. 과연 그럴까? '중력이 만물을 끌어당긴다'에 관해 논의해보자. 만일 이것이 언제 어디서나 누구에게나 통용되는 사실이라면, 무당이 작두를 타는 현상은 어떻게 설명할 것인가? 왜 시퍼렇게 날이 선 작두 위에서 춤을 추는 그들의 발은 멀쩡한가? 왜 무당들은 감히 '중력이 만물을 끌어당긴다'는 사실에 도전할 수 있는가? 이처럼 사실과 신념이 따로 구분되는 것이 아니라, 단지 사실은 우리가 사실이라고 생각하는 신념에 불과한 것이다.

사실도 또 다른 신념의 형태일 뿐이다.

신념에 대한 논의는 이 정도로 하고, 이제 신념이 우리 인생에 어떤 영향을 미치는지 알아보자. 신념이라는 벽글씨의 힘은 너무나 강해서 우리 인생을 창조하거나 파괴하기도 하고, 현재의 성과를 만들기도 하고, 현재의 한계에 우리를 가두기도 한다. 그리고 마침내는 우리가 경험하는 현실을 창조하고 있다.

신념이란 생각과 강렬한 감정이 결합된 것으로, 누적된 시간 속에서 반복되는 경험적 사건을 통해서, 하나의 생각에 우리의 강렬한 감정이 반복적으로 결합하여 형성된다. 한마디로 하나의 생각을 반복해서 감정적 – '반복과 감정'을 기억하라 – 으로 경험하게 되면 신념이 되는 것이다. 그런데 이 신념에 결부된 감정을 EFT로 지워버리면, 신념은 그저 우리가 무심코 흘려버리게 되는 수많은 생각 – 마치 2×2=4처럼 무색무미한 생각 – 의 하나로 돌아가게 된다. 감정이 탈색된 신념은 우리가 생각할 수는 있지만, 더 이상 우리의 행동과 판단, 감정에 영향을 주지 못한다.

신념 중에서도 가장 먼저 개선해야 할 것은 자아상이다. 자아상이란 비유하자면 한 국가의 헌법과도 같은 신념 체계로서 나를 총체적으로 규정하는 신념이다. 자아상은 한 국가의 헌법처럼 내가 어디에서 무엇을 하건 나의 생활의 모든 면을 규정하고 판단하는 기준이 된다.

그럼 어떻게 EFT로 부정적 신념을 바꿀 것인가? 우선 부정적 신념

그 자체를 수용확언으로 만들어서 EFT를 적용하다 보면 이 신념에 부착된 감정이 탈색되기 시작하고 이와 더불어 신념 자체도 약화되면서 사라지게 된다. 그러니 부정적 신념을 발견할 때마다 두드려서 지워라.

그럼 구체적으로 어떻게 하면 될까? 예를 들어 '나는 멍청하다'는 신념이 있다면 수용확언에 이것을 넣어서 "나는 멍청하다고 믿지만, 마음속 깊이 진심으로 나 자신을 받아들입니다"라고 수용확언을 만들어서 두드리면 된다. 이렇게 두드리다 보면 이와 관련된 다른 신념들도 떠오르기 마련이다. 예를 들어 '나는 뭐든지 더디다', '나는 이해력이 부족해', '나는 머리가 나빠', '나는 상황 판단이 잘 안 돼' 등의 관련된 신념이 떠올랐다면 이 신념들도 위의 '나는 멍청하다'는 신념과 똑같이 수용확언으로 만들어 처리하면 된다. 이렇게 부정적인 신념에 대해 EFT를 적용하면 신념에 결부된 부정적 감정이 줄거나 사라지면서 이 신념에서 벗어나 자유를 얻게 된다.

부정적 신념을 발견할 때마다 EFT를 적용하라.
그러다 보면 관련된 다른 신념들도 떠오르는데 이것들도 EFT를 적용하라.

신념에 관해서 주목할 사항이 하나 있는데, 부정적 신념이 우리의 인생에 미치는 영향은 그것의 진실성이 아니라, 그것의 부정적 감정의 강도에 달려 있다는 점이다. 예를 들어 '나는 수영을 못한다'는 신념은 현재 시점에서는 실제 수영을 못하는 사람에게는 사실이며, 이 신념을 EFT로 처리한다고 해서, 이 사람이 바로 수영 능력이 생겨 한강을 건너갈 수 있는 것은 아니다. 하지만 '나는 수영을 못한다'는 신념을 EFT로 처리하고 나면, 수영에 대한 거부감이나 부담감, 공포심이 줄어서 수영을 더 쉽고 편하게 배울 수 있다.

이렇게 부정적 신념 자체에 대해서 두드리는 것만으로도 어느 정도 자유로움을 느낄 수 있지만, 대체로 부정적 신념을 확실히 지우고 새로운 긍정적 신념을 갖기 위해서는 2단계로 가야 한다.

부정적 신념의 힘은 사실이 아니라 그 사건과 결부된 강한 감정에 있다.
이 감정을 EFT로 지우면 그만큼 신념의 힘이 약화된다.

신념을 변화시키는 2단계는 이런 신념을 형성하게 된 사건과 경험들을 찾아서 이것들을 EFT로 중화시키는 단계이다. 이런 것들을 찾는 질문은 다음과 같다. 이 부분은 앞서 설명한 '꼬리말의 양상'을 찾는 것과 같다고 볼 수 있다.

"언제 어디서 이런 신념을 갖게 되었죠?"
"누구에게서 이런 신념을 배우게 되었죠?"
"이런 신념과 관련되어 떠오르는 기억이 있나요?"

그런데 이런 질문으로도 관련된 사건이나 경험이 떠오르지 않는다면 그저 있을 법하게 추측하도록 한다. 이런 추측도 무의식의 요구에 따라 구성되는 것이기 때문에 실제 기억을 처리하는 것과 동일한 효과를 발휘한다.

신념을 형성시킨 부정적 기억들을 찾아서 영화관 기법으로 지워라.

일단 이렇게 신념을 형성하게 된 기억들을 찾으면 이 기억들에 대해서 '영화관 기법'을 활용하면 된다. 고통스러운 기억을 하나 떠올려서, 마치 영화를 보듯 생생히 돌려보다가 마음이 불편해지는 장면마다 EFT를 적용하는 것이다. 영화관 기법을 활용하면, 평생 마음속에서 짊어지고 있던 불쾌한 기억들을 완전히 놓아버릴 수 있게 된다.

여러분이 이 과정을 꼼꼼하게 잘해가면 앞의 부정적 신념들이 점차 덤덤하게 느껴지고 나중에는 이것 자체가 우습게 느껴지면서 저절로 '나는 괜찮은 사람이야', '나는 할 수 있어', '나는 나다움을 인정하고 좋아해' 등의 긍정적 신념이 생겨난다.

06

EFT의 위력

28년간 굽어 있던 등이 한 시간 만에 펴지다

이번에 소개하는 이야기는 필자가 유나방송(una.or.kr)에서 EFT를 강의한 것을 듣고, 닉네임 바다해 님께서 올린 사례다. 불과 한 시간여 만에 28년간 굽어 있던 등이 펴지는 기적 같은 사례를 통해 다시 한 번 EFT의 효과를 느낄 수 있을 뿐만 아니라, 꼬리말의 양상을 찾는 과정이 잘 드러나서 여기에 소개한다. 바다해 님께서 "나는 등이 꼿꼿하다"고 확언한 것은 아니지만, '등 굽음이 낫는 것'을 목표로 한 것이므로 거의 '확언하고 꼬리말 지우기'에 준한다고 보면 되겠다.

「어제 오후에는 한가해져서 책을 보았다. 많은 사례들이 올라와 있다. 그래서 나는 평소의 지병인 '등 굽음'에 관해 EFT를 해보기로 했다.

제일 먼저 "나는 비록 등이 굽었지만, 이런 나를 온전히 받아들이고 인정합니다" 하고 두드렸다.

두 번째 "나는 비록 등이 굽고, 아랫배에 힘이 없지만, ……" 하고 두드렸다.

세 번째 "나는 비록 등이 굽고, 아랫배에 힘이 없고, 자신감이 없지만, ……" 하고 두드렸다.

네 번째 "나는 비록 등이 굽고, 아랫배에 힘이 없고, 가슴이 큰 것에 대한 창피함이 있지만, ……" 하고 두드렸다.

다섯 번째로 이렇게 두드리다 보니 어린 시절 초등학교 4학년의 내가 떠올랐다. 더운 여름에 나는 운동장을 뛰고 있었다. 아마도 체육 시간인가 보다. 그때 내가 입었던 파란색 줄무늬가 목둘레에 그려진 체육복 티셔츠는 너무 작아 몸에 딱 붙었다. 제법 통통했던 나는 가슴에 몽우리가 생겼는데, 작은 옷을 입으니 몸매가 그대로 드러났다. 남녀공학이어서 남녀가 같이 뛰었는데, 나는 창피해서 가슴과 배를 감추기 바빴다. 그게 내 굽은 등의 시초였나 보다.

그래서 "나는 비록 티셔츠가 작아 가슴과 배가 드러나서 창피했지만, ……" 하고 두드렸다. 두드리다 보니 슬퍼졌다.

"나는 비록 어린 시절이 가슴 아프지만, ……"

그러고 나니 관심 받고 싶었던 어린 시절이 생각났다. 학교에 갔다 와도 누구 하나 반겨주는 이가 없던 집.

"나는 비록 어린 시절에 관심 받지 못해 움츠러들었지만, ……"

"나는 비록 어린 시절 사랑받지 못해 움츠러들었지만, ……"

"나는 비록 어린 시절 누구 하나 관심 갖지 않았지만, 나는 나 자신을 사랑합니다."

이렇게 두드리기를 마친 후 점검해보니 가슴이 아프고 뻐근해졌고, 목이 메이며 눈물이 났다.

191

"나는 비록 가슴이 아프고 목이 메고 눈물이 나지만 이런 나 자신을 사랑합니다"라고 말하면서 두드렸더니 정말 등이 펴졌다. 신기하다! 조금 지나자 또 불편해지는 것 같아서 '아직은 남아 있는 의심'으로 두드렸다. 그러자 다시 등이 편안하게 펴졌다. 그래서 지금은 컴퓨터 앞에서 글을 쓰면서 체크하고 있다. 내가 등이 굽었는지 말이다.

그런데 갑자기 브래지어 생각이 났다. 나는 그때부터 가슴을 움츠리다 중학교 2학년이 되어서야 브래지어를 처음 착용했다. 점점 커가는 가슴을 가리려고 오랫동안 움츠리다 보니 이렇게 등이 굽은 것 같다. 아무래도 이번에 고향에 내려가면 "브라자 사줘!" 하고 외쳐야겠다. "나에게 브라자 사주실 분, 손 들어봐요. 브래지어가 아니고 브라자입니다!"

예전엔 억지로 등을 펴고 있으면 힘이 들었는데, 지금은 아무렇지도 않다. 정말로 신통방통하다. 이제 문제없다. 두드림으로 모든 문제를 해결해야겠다. 등 굽음을 해결했으니, 눈가에 살이 차오르는 것과 허리 둘레를 27인치로 줄이는 것도 실험해봐야지!

하루가 지난 오늘도 내 등은 여전히 꼿꼿하다. 친구가 "정말 펴졌네!"라며 확인시켜주었다. 운전할 때도 자세가 불량해서 늘 운전 뒤에 피로를 느꼈는데 오늘은 편안했다. 그리고 한 번씩 다시 굽지 않을까 하는 두려움이 생기면, 마음속으로 "두려움을 인정합니다!"라고 말하며 두드린다. 이제는 30대를 정말 멋지게 마무리할 것만 같다. 등이 펴지니 사물을 제 높이에서 볼 수 있어 너무 행복하다.」

몇 달이 지난 뒤에도 바다해 님은 허리가 여전히 꼿꼿하다고 답변을 주셨다. EFT는 종종 이렇게 기적을 일으킨다. 이 사례를 분석해보면, 이분의 등을 굽게 만들었던 핵심 주제는 '수치심과 외로움'이었고, 이와 관련된 기억들을 떠오르는 대로 지우고 나니 등이 다 펴졌다. 결국 어렸을 때의 몇몇 기억들이 '등 굽음'이라는 문제의 구체적 양상이었던 것이다.

EFT로 가슴이 커지다

이번에는 '소니아 소피아 일리그'라는 여성이 EFT의 공식 홈페이지 (emofree.com)에 올린 사례를 소개한다. 확언을 하면서 꼬리말을 의식적으로 찾기도 하지만, 확언을 계속하다 보면 자연스럽게 꼬리말이 떠오르는 경우도 많다. 이번 사례가 바로 그런 경우이다. 이럴 때에는 그저 자연스럽게 떠오르는 꼬리말들을 포착하고 그때마다 지우면 된다. 바다해 님의 사례와 이번 사례에서 우리는 '육체는 생각과 기억과 신념의 저장소'라는 사실을 잘 알 수 있다.

「최근에 셔논이라는 여자가 텍사스주 오스틴의 EFT 모임에 참석했는데, 나는 그녀로부터 흥미로운 아이디어 하나를 얻었다. 그녀는 유방이 커지도록 두드리겠다는 재미있는 생각을 가지고 있었는데, 그것은 내 주된 확언 목록에 들어갈 만한 것이 아니었다. 그 당시에 나는 세계 평화와 지구온난화 등 세상의 치유에 대해서 집중하고 있었기 때문이다. 하지만 얼마간의 시간이 지나 그녀가 눈에 띄는 결과를 보이자, 나도 내 가슴에 EFT를 활용하고 싶은 욕구가 생겼다.

나는 그녀에게 어떻게 했는지를 물었고, 그녀는 하루에 세 번씩 10분간 인생 업그레이드 목록(확언 목록)을 읽으면서 타점을 두드린다고 했다. 그 목록에는 유방 확대와 이미 잘 자라고 있는 긴 머리를 더 잘 기르는 것도 있었다. 그래서 나도 간단한 인생 업그레이드 목록을 만들고 거기에 유방 확대를 넣었다. 그런데 놀랍게도 이 일이 내 속에 숨어 있던 수많은 찌꺼기들을 표면 의식으로 건져 올리기 시작했다. 이것은 내가 기대한 바가 아니었기 때문에 결코 유쾌한 일은 아니었지만, 결과적으로는 과거의 짐으로부터 자유로워지는 작업이 되었다.

나의 무의식적 믿음으로는, 오직 덩치가 있는 여자만이 큰 가슴을 가질 수 있었다. 이것은 사실 우리 가족에 관한 한 진실이었고, 나는 어렸을 적에 '가슴을 만들어주는 요정'이 나만 빼고 엄마와 언니에게만 후한 선물을 주었다고 되뇌곤 했다. 그러다 아주 오래된 두려운 기억이 떠올랐다. 엄마와 언니는 남자들로부터 초등학교 5학년 때부터 성적인 관심의 대상이 되었고, 초경을 일찍 했고, 그러다 충격적인 성적 학대와 가슴 무게로 인한 요통, 살을 파고드는 브래지어 끈을 감당해야만 했다. 이런 기억에 대해서 나는 나 자신은 물론이고 엄마와 언니를 위해서 EFT를 했다.

나는 '네 가슴은 아스팔트 위에 떨어진 단추 두 개니까 브래지어도 필요 없이 반창고 두 개만 붙이고 다니면 된다'는 잔인한 놀림을 받았었다. 나는 14세에 성폭력을 당했고 이후에도 원하지 않는 성적인 경험을 당했다. 나는 이런 모든 기억에 대해서 두드렸다. 또 '내가 새로이 얻은 큰 유방으로 성적 매력을 남용하지 않을까?' 하는 두려움에 대해서도 두드렸다. 나는 성숙하고 자연스러운 성적 매력을 유지하면서도, '세상의 근원적인 힘'과의 천진난만한 연결 관계를 유지할 수 있도록 또 두드렸다.

내가 성장기일 때 아빠의 아파트에는 가슴 큰 여자들이 등장하는 성인물들이 진열되어 있었다. 나는 이런 기억들로 나 자신과 엄마, 여자들,

남자들에 대해서 나만의 부정적인 의미들을 만들어서 낙인찍었다. 나보다 성장이 빨랐던 사춘기 시절의 내 친구들에게 아빠는 음흉한 표정을 내보였었다. 가슴 큰 여자들을 보며 침을 흘렸던 예전 남자 친구도 생각났다. 나는 이런 일들에서 분노와 두려움, 수치심을 느꼈고 '나는 모자란 여자'라고 생각했다. 그래서 이 모든 기억에 대해서 두드렸다.

나는 내가 작은 가슴을 가질 수밖에 없는 많은 이유도 발견했다. 그 중에는 아기에게 젖먹이기가 끝난 가슴은 필요가 없어서 작아진다는 속설도 있었다. 나는 우리에게 젖을 먹이지 않았던 엄마의 가슴은 쓸모없고 무겁고 고통스럽고 인생을 꼬이게 하는 성적인 도구에 불과하다고 믿어왔다. 나는 두드리고 또 두드렸다. 몇 주 동안 매일 그저 잠깐씩 두드렸다. 사실 나는 이 주제에 큰 관심을 두고 싶지 않았다. 솔직히 말해, 부질없고 이기적이고 '쓰잘 데 없는 짓'이라고 생각했기 때문이다. 사실 이것이 효과가 나리라는 기대도 하지 않았다. 하지만 그런 부정적인 생각 자체에 대해서도 또 두드렸다.

이렇게 몇 주가 지나자 나는 가슴이 뻐근해지는 것을 느낄 수 있었는데, 마치 생리 전 증후군 같았지만 생리 기간은 분명히 아니었다. 가슴이 계속 뻐근하면서 미열이 났고, 약 석 달 동안이나 때때로 탱탱한 느낌이 들기도 했다. 결국 나는 내 브래지어가 편하지 않음을 느끼고 쇼핑을 하러 갔다. 놀랍게도, 나중에 따져보니 그렇게 새 브래지어를 사러 간 일은 3년 만에 처음이었다.

3년 전에도 나는 언니와 새 브래지어를 사러 갔었다. 그때 나는 EFT를 막 배워서 한창 활용하고 있었고, 언니에게도 EFT를 가르쳐주었다. 그리고 마침 가슴에 불편함을 느껴서 언니와 함께 속옷 가게에 갔었는데, 그때는 그것이 EFT와 관련이 있으리라고는 상상도 하지 못했다. 그저 갑작스럽게 가슴이 커지기에, 나는 이제야 비로소 완전히 성숙한 여인이 되었음을 느낀다며 친구들에게 거듭 얘기하곤 했던 기억이 난다. 그로부터 3년이 지나서야 나는 가슴의 성장과 여성으로서의 느낌이 이처럼 밀접하게 연관되어 있음을 깨달았다. 서른일곱이나 되어서야 마침내 여성으로서 완전한 성장을 하다니!

EFT를 배우기 전에 내 가슴은 B컵에 불과했고, 사실 나는 그것이 너무나 부끄러웠다. 더 솔직히 말하자면 내 가슴은 B컵과 A컵의 중간 크기여서 B컵을 완전히 다 채워본 적이 없었다. 하지만 지금 내 가슴은 C컵의 브래지어를 꽉 채운다! 또한 나는 요즘 가슴이 깊게 파인 블라우스를 자주 입는다. 물론 남자들의 관심을 얻기 위해서는 아니다. 나는 그저 마흔의 나이에 새로 얻은 가슴의 곡선이 뜻밖에도 너무 부드럽고 아름다워서 놀랍고 기쁠 뿐이다.

이것은 '가능성可能城 이야기'에서 말하는 그대로다. 다양한 꼬리말과 의심, 오랜 기억과 두려움을 모두 두드려서 제거하라. 그러면 당신은 아름다운 가슴이 당신에게 미소 짓는 모습을 보게 될 것이다.」

07

필자는 EFT를 활용하면서 너무나 많은 신체적·정신적 치료 효과를 확인하다 보니, 이제는 남들에게 기적으로 느껴질 일들이 오히려 심상할 정도이다. 하지만 그럼에도 여전히 나를 흥분시키는 것은, 생각과 감정의 변화가 생긴 사람들이 종종 기적과 같은 외부 상황의 변화를 경험한다는 사실이다.

얼마 전에 한 여성 내담자는 '자신이 아는 사람들이 자기를 버릴 것 같다'는 두려움이 계속되어 나를 찾아왔다. 그녀는 일생 동안 상실감을 경험해왔다. 처음에는 엄마가 어린 그녀를 조부모에게 내맡기고 떠났고, 이후에는 친구와 애인, 동료들이 그녀를 떠났다. 우리는 이 신념과 관련된 모든 기억을 찾고 지웠다. EFT의 일반화 효과 덕분에 생각보다 일찍 그녀의 '관계 상실의 두려움'은 사라져갔다. 마지막 상담 치료 회기에는 그녀가 지금의 남자 친구가 곧 떠날지도 모른다는 두려움을 갖고 있음을 알아차렸고, 이것도 우리는 쉽게 처리했다. 이후 놀랍게도 몇 주가 지나자 그녀는 남자 친구에게서 결혼하자는 제의를 받았다.

나의 EFT 단체 치유 과정에 등록한 30대 초반의 한 남자분은 다발성

신경염을 7년 동안 앓으면서 다리의 신경이 마비되고, 발목이 틀어졌고, 힘이 약해서 제대로 걸을 수 없었다. 그러다가 이분이 필자의 책《5분의 기적 EFT》를 우연히 서점에서 구입하여 EFT를 해본 결과, 첫날에 순식간에 다리에 힘이 생기는 느낌을 받았다고 한다. 그래서 EFT의 효과를 확신하고, 필자의 한의원에 진료를 받으러 온 것이다. 이분은 당시에 병이 오래되고, 계속 실직 상태에 있어서 치료비가 전혀 없었지만, '방법이 생기겠지' 하는 마음으로 일단 시작했다고 한다.

8주간의 치료 과정 중에서 3~4주가 지날 무렵 이분이 갑자기 놀라운 이야기를 했다.

"처음에는 빛도 보이지 않는 깜깜한 터널 속에 갇혀서 꼼짝 못하는 느낌이었는데, 치료를 받으면서 점차 터널 끝에서 빛이 비치는 느낌이 들었어요. 그러다 어느 순간 갑자기 터널 밖으로 빠져나와서 내 온몸으로 빛이 쏟아지는 느낌이 들었습니다. 그러면서 '나는 몸이 불구라서 아프고 가난하게 살다가 이렇게 죽을 거야'라는 생각이 사라지고 '나도 취직을 해보자'는 마음이 들었습니다."

이분은 이 마음이 생기자마자, 과거 미국 연수 경험을 살려서 초등 영어 학원에 이력서를 냈고, 놀랍게도 다른 사람보다 훨씬 더 좋은 조건으로 취직되었다. 이분은 다음과 같이 말했다.

"제 첫 월급이 180만 원인데요, 다른 사람은 보통 120만 원 정도 받아요. 저도 제가 왜 이렇게 높은 월급을 받고 시작하는지 신기하고 놀라워요. EFT는 정말 놀라워요."

우울증으로 치료받던 50대 초반의 한 주부는 또 이런 놀라운 이야기를 해주었다.

"저도 비슷한 일이 있어요. 제가 5년 동안 주식 투자를 했는데 한 번도 돈을 번 적이 없어요. 전문적으로 투자를 한 것은 아니고, 그저 언니가 시키는 대로 해본 거예요. 그런데 요즘 주가가 이렇게 떨어지는데도 저는 돈을 마구 벌고 있어요. EFT를 하니까 몸만 좋아지는 것이 아니라 인생도 풀리는 것 같아요."

이분은 EFT로 고질적인 우울증이 사라져서, 양약을 끊고 건강을 회복함과 동시에 경제적 건강까지 얻게 되었다. 이상의 사례에서 본 대로 생각과 감정의 자유를 얻으면, 주변의 환경이 신기하게도 애쓰지 않아도 자연스럽게 풀리는 것을 경험한다. 필자는 이것이 바로 '유인력의 법칙'이 아닌가 생각한다.

PART 5

나는 왜
하는 일마다
잘되지?

01

경제적 풍요의 문 열기

우리는 '돈의 강'에 산다

평소에 우리는 돈에 관한 수많은 생각을 갖고 있다. 그 많은 생각 중에 대표적인 것이 "돈은 악하다"는 통념이다. 하지만 사실 돈은 선하지도 악하지도 않다. 다만 돈에 관한 우리의 생각이 그러할 뿐이다. 어렸을 때 불에 덴 적이 있다고 불이 만악의 근원이라고 저주하는 사람은 없을 것이다. 마찬가지로 어렸을 때 돈이 없어 고생했다고, 또는 돈 있는 집 아들이 나를 괴롭혔다고 돈을 저주하고 혐오하는 것은 불났다고 불을 저주하는 것만큼이나 어리석은 생각이다.

자, 이제 이 세상에 유통되는 돈을 한번 상상해보자. 나의 가족과 직장, 이 나라에서 유통되는 돈, 또 일본과 미국, 더 나아가 전 세계에 유통되는 돈을 상상해보라. 상상만으로도 엄청난 돈이 유통된다는 것을 알 수 있다. 돈은 말 그대로 돈다. 돈은 마치 강물처럼 여기서 저기로 계속해서 흐른다. 내 주머니에서 은행으로, 중국집으로 국세청으로 전화국으로. 자, 이렇게 돈은 마치 물처럼 강물이나 시내, 호수, 바다를 이루며 고

이기도 하고 넘치기도 하면서 곳곳으로 흐르고 있다.

한마디로 우리는 돈이 흐르는 강, 즉 '돈의 강'가에 살고 있는 것이다. 이 돈의 강으로 전 세계에서 매일 수십조 달러 이상이 흐르고 그 과정에서 온갖 다양한 서비스와 상품이 생겨난다. 이렇게 돈의 강은 우리의 정신적 성장이 그러하듯, 아무런 한계가 없다. 정말로 돈의 강이 얼마나 넓고 깊은지는 측정할 수 없을 정도다.

우리는 '돈의 강'가에 살고 있다.

우리 모두는 이러한 돈의 강가에서 생존을 위해 강물을 퍼간다. 어떤 사람들은 티스푼으로 강물을 뜨고, 어떤 사람들은 찻잔으로 강물을 뜬다. 또 일부는 드럼통으로, 일부는 수영장만 한 크기의 그릇으로 퍼간다. 극소수의 사람들은 아예 파나마운하와 같은 대운하를 파서 강물의 흐름을 바꾼다. 스티브 잡스나 빌 게이츠, 이건희 회장 같은 사람들이 바로 그런 사람들이다. 다시 말해서 돈은 결코 선하지도 악하지도 않다. 돈은 그저 물이나 공기처럼 이 세상에 풍요로운 하나의 에너지이며 우리 모두에게 열려 있다. '돈의 좋고 나쁨'은 오직 우리의 벽글씨에 불과하다.

더 나아가 돈은 에너지이며 사랑이고 생명이다. 물이 흐르는 곳마다 식물이 자라고 동물이 모이며, 마을과 도시가 형성되어 국가와 문명이 이루어진다. 마찬가지로 돈의 강이 흐르는 곳마다 건물이 생기고, 일자리가 생기고, 도시가 생기기도 한다. 돈은 공기나 물처럼 우리 주위를 자유롭게 흐르고 있다. 그런데 왜 돈이 우리에게 흘러오지는 않을까? 우리의 벽글씨 – 즉 돈에 관한 우리의 신념, 태도, 믿음, 경험 등 – 가 돈의 흐름을 막고 있기 때문이다.

돈과 벽글씨

우리와 돈 사이의 관계는 정말 흥미롭다. 이 관계는 짝사랑이다. 우리가 돈에 대해 너무나 많은 생각과 감정을 갖고 있는 것에 비해, 돈은 그 자체로 아무런 감정도 생각도 없다. 돈은 우리가 뭐라고 생각하고 느끼건 간에 무심할 뿐만 아니라, 저 하늘이나 바다처럼 우리에게 아무 신경도 쓰지 않는다. 결국 '돈은 악하다'라는 우리의 생각은 모두 우리 자신의 벽글씨이며, 한마디로 모두 우리 '내면의 일(inside job)'일 뿐이다. 돈에는 액수만 있을 뿐 결코 '돈은 악하다'라고 적혀 있지 않다.

이렇게 우리와 돈의 관계는 일방적인 짝사랑이다. 너무나 무심한 돈을 우리는 사랑하고, 때로는 애원하고 원망하고 저주하기도 한다. 돈에 관한 우리의 모든 벽글씨는 사실 부모나 가족, 친구, 사회, 언론 등으로부터 물려받은 것으로, 유전자처럼 우리가 원래 갖고 태어난 것이 아니다. 한마디로 돈에 관해서 우리가 진실이라고 믿고 있는 것은 어렸을 때 들었던 귀신 이야기만큼이나 황당무계한 소문에 불과하다. 우리는 철이 들어서 더 이상 귀신 이야기를 무서워하지는 않지만, 똑같은 정도의 진실성밖에 가지지 못한 돈 이야기에 대해서는 아직 철이 덜 든 것이다.

이제 성인이 된 우리가 귀신 때문에 밤에 못 나가는 것이 아니듯, 이 사회나 법률, 제도, 주위 사람들, 대통령 때문에 나에게 돈이 안 들어오는 것은 아니다. 이 바깥세상에 있는 그 어떤 것도 돈이 내게 오는 것을 막지 않는다. 그저 내게 그렇게 보일 뿐이다. 그것은 모두 환상이고, 그 환상의 정체는 바로 나의 벽글씨다. 그 얼마나 억울하면서도 시원하고 통쾌한 진실인가? 이제 당신이 들었던 돈에 관한 전설을 모두 내던지고 당신이 원하는 이야기를 가능성에 새겨라. 옛이야기는 지우고 새로운 풍요의 이야기를 벽글씨로 가장 크게 새겨보라. 이후에 경험하게 될 현실이 너무나 짜릿하고 흥분되지 않는가!

실습 자, 그럼 돈에 관한 우리의 벽글씨를 찾아보자. 아래의 빈칸을 생각 없이 무심하게 채워보라.

"돈이 많은 사람은 _____하다."

한 사람이 아래와 같이 빈칸을 채웠다.

부정적인 벽글씨	긍정적인 벽글씨
염치가 없다 / 정직하지 못하다 / 야망이 가득하다 / 이기적이다 / 악독하다 / 구두쇠다 / 지옥에 간다 / 탐욕스럽다 / 가족 관계가 좋지 못하다 / 자식들이 재산을 탐한다	힘이 있다 / 풍요롭다 / 자유롭다 / 원하는 것을 마음껏 한다 / 좋은 집에 산다 / 좋은 일을 많이 할 수 있다 / 남들에게 도움을 줄 수 있다

이제 왼쪽 칸을 보라. 기분이 어떠한가? 돈이 들어올 것 같은가? 다시 오른쪽 칸을 보라. 기분이 어떠한가? 좀 전과는 많이 다르지 않은가? 바로 이것이 돈에 관한 벽글씨가 우리에게 미치는 영향이다. 이렇게 돈에 관한 우리의 벽글씨는 상충되는 것들이 뒤섞여 있다. 긍정적인 벽글씨도 있고 부정적인 벽글씨도 있다.

그렇다면 우리가 어떤 행동을 할 때, 이들 중 어느 벽글씨를 따르게 될까? 실제로 우리가 돈을 버는 행동을 할 때에는 이들 벽글씨 중에서 한쪽만 따르지는 않는다. 마치 어머니와 아버지가 싸울 때, 자식들이 아버지 앞에서는 아버지 말이 맞다고 하고, 어머니 앞에서는 어머니 말이 맞다고 하면서, 두 분의 의견을 절충해서 따르듯이 돈에 대해서도 그렇게 한다.

긍정적인 벽글씨는 돈이 들어오는 밸브를 열고, 부정적인 벽글씨는 돈이 들어오는 밸브를 닫는다. 이렇게 두 벽글씨가 균형을 이루는 지점이 바로 우리가 벌어들이는 소득의 수준이 된다. 마치 수요 공급 곡선처럼 수학적이지 않은가? 이제 우리가 할 일은 확언과 상상으로 밸브를 열고 EFT로 잠금장치를 제거하는 것이다. 이에 따라 균형점이 점차 올라가고 우리의 소득도 비례하여 늘어나게 된다. 사실 돈 버는 것은 이렇게 즐겁고 재미있고 쉽다. 모두 나의 내면에서 일어나는 일인 것이다.

참고로 돈에 관한 벽글씨가 얼마나 강력하게 작용하는지 잘 보여주는 사례가 있다. 가난하게 살던 친척 한 명이 변두리에서 농사를 짓다가, 운 좋게 갑자기 부동산 개발이 되어, 몇 년 전에 이 땅을 수십억을 받고 팔았다. 그런데 이 친척은 이 횡재에 적응이 되지 않아서, 무분별한 재테크와 도박, 사치로 돈을 마구 써버리고는 결국 다시 농사를 짓고 있다. 그의 돈에 대한 평소 기대 수준, 즉 벽글씨와 새로 얻은 돈의 액수는 너무나 차이가 커서, 결국 평소 기대 수준만큼 돈이 줄어들 때까지, 이 무모하고 어리석은 과정이 진행되었던 것이다.

실습 독자들의 돈에 관한 벽글씨를 찾아보자. 다음 빈칸을 생각하지 말고 채워보라.

- 돈이 많은 사람은 _____ 하다.
- 나는 _____ (현재 소득의 두 배)를 번다.
  하지만 나는 _____ 하다.

이제 이렇게 나온 벽글씨들을 긍정과 부정으로 나누어 나의 현재 소득 수준을 살펴보자. 나의 소득과 이 벽글씨들의 상관관계가 보이는가?

환경 운동가의 벽글씨

"돈은 선악이 없다"는 필자의 말을 듣고, 환경 운동을 하시는 한 분이 이렇게 물었다.

「돈에 관해서 나는 마음에 크게 걸리는 것이 있어요. 우리가 당신이 말하는 대로 모두 원하는 것을 가지게 된다면, 더 구체적으로 한국 사람들 모두가 현재 미국의 재벌들이 사는 대로 살게 된다면, 또 중국의 모든 사람이 미국과 같은 생활수준으로 살려고 한다면 이 지구가 어떻게 되겠어요? 전 세계의 모든 사람이 이렇게 살기 위해서는 지구가 몇 개가 되더라도 부족할 거예요.

게다가 아프리카나 아시아 같은 제3세계의 많은 사람들은 절대 빈곤 상태에서 살고 있고 굶주림에 죽어가고 있어요. 상당수의 다국적 기업들이 이런 가난한 국가들의 값싼 노동력을 이용하여 상품을 대량생산하고 있죠. 우리는 이런 가난한 사람들의 피와 땀으로 만들어낸 결실을 마구 소모하면서 살고 있습니다. 그러니 어떻게 내가 맘 놓고 돈을 추구할 수 있겠어요?」

결국 이 말을 요약하면 '돈을 많이 버는 것은 부도덕하다. 왜냐하면 돈을 버는 과정에서 수많은 가난한 사람들이 착취당하고 환경이 파괴되기 때문이다'라고 할 수 있다. 이런 벽글씨는 정말 흔하다. 사실 필자도 그렇게 생각했었다. 하지만 이것이 진실인가? 앞서 한 말을 반복하건대 돈은 말이 없다. 돈에 관한 모든 생각은 지폐에 적혀 있는 사실이 아니라, 우리가 돈에 관해 가진 하나의 의견일 뿐이다. 누군가는 돈을 그렇게 벌고 그렇게 쓴다. 하지만 적어도 이렇게 말하는 이분은 이와 반대이지 않은가? 결국 이분의 말은 '돈이 많은 사람은 악독하다'와 같은 류의 생각이다. 그럼 반대로 '돈이 없는 사람은 착하다'라는 생각은 어떤가?

우리가 계속 돈을 노동 착취나 환경 파괴와 연결시킬수록, 우리는 지금 현재의 상태에 머물러 있게 되고, 비판 이외에는 할 일이 없다. 반대로 돈이 많으면 우리는 더 많은 선택을 할 수 있게 된다. 환경 단체를 만들거나 기부를 할 수도 있고 나무를 심을 수도 있다. 우리는 파괴되는 환경과 착취당하는 사람들을 무기력하게 바라볼 수도 있고, 반대로 돈이라는 에너지를 충분히 활용하여 환경을 복구하고 어려운 사람들을 도울 수도 있다. 돈에는 선악이 없다. 다만 돈을 벌고 쓰는 우리의 생각이 그러할 뿐이다.

나의 이런 관점에 충분히 동의한다면 다음과 같이 확언하고 생생하게 상상해보라.

"나는 이 세상을 치유하기 위해 돈의 도덕적인 통로가 된다."

당신이 가는 곳마다 사람들이 치유되고 나무가 심어지고 환경이 되살아나고 있다. 기분이 어떠한가? 즐겁지 않은가? 이제 당신은 파괴되어가는 세상의 무기력한 희생자가 아니라 새로운 세상을 만드는 창조자가 아닌가? 이제 당신은 돈을 많이 벌어서 세상을 바꾸고 싶지 않은가? 여전히 돈을 탓하고 싶은가?

돈에 관한 강력하고 상식적인 벽글씨들

앞서 본 환경 운동가의 벽글씨 이외에도, 우리의 경제적 풍요를 막는, 하지만 우리가 진실로 받아들이는 벽글씨들은 많다. 다음의 벽글씨들이 그 예다.

  - 나는 교사로 월급쟁이예요.
  - 나는 상담사라서 시간당 상담비만 받아요.
  - 내가 돈을 많이 벌면 가족이나 교회나 하느님이 어떻게 보실까요?
  - 나는 장애인으로 휠체어를 타고 다녀요.

이 모든 것은 정말 강력한 벽글씨들이다. 이 벽글씨들은 정말로 진실인 것처럼 느껴진다. 하지만 다시 말하지만 이것들도 결국은 나의 내면의 일이며, 불면 날아가고 지우면 지워지는 벽글씨에 불과하다. 월급 받는 교사라고 해서 교실에서 수업만 하라는 법이 있는가? 자신의 교과목에 관해 책을 쓸 수도 있고, 외부 강의를 할 수도 있고, 더 나아가 꼭 월급 받는 교사를 고집할 필요도 없지 않는가? 실제로 필자 주변에는 외부 강의로 교사 월급 이상을 벌고, 책을 써서 베스트셀러를 만들어 인세를 받는 교사도 있다.

또 상담사라서 시간당 비용만 받으라는 법이 어디 있는가? 단체 상담은 어떠한가? 책을 쓸 수도 있고 텔레비전이나 라디오에 출연할 수도 있지 않는가? 또 가족이나 교회나 하느님을 모두 만족시킬 수 있는 돈의 액수는 도대체 얼마나 되는가? 그런 것이 존재하기라도 하는가? 아니면 호랑이가 곶감을 무서워하듯 단순히 우리의 두려움인가?

휠체어를 타고 다니는 것이 정말 돈 버는 것에 장애가 되는가? 필자가 장애인에게 농구 선수나 배구 선수가 되라고 한 것이 아니지 않는가? 장애인이라도 적당한 가게를 할 수도 있고, 강사가 될 수도 있고, 사업가가 될 수도 있고, 인터넷의 달인이 되어 완전히 새로운 사업 영역을 만들

수도 있지 않은가? 위의 벽글씨들은 정말로 모두에게 사실처럼 보이지만, 역설적으로 우리가 사실로 여길수록 상황은 더 지속된다. 모든 진실의 정체는 결국 우리의 벽글씨일 뿐이다.

경제적으로 성공하면 가족과 함께 보낼 시간이 부족해요

한 맞벌이 주부는 필자에게 이런 질문을 했다.

"'내 인생에는 돈이 풍부하다'고 확언했는데 '경제적으로 성공하려면 애들과 보내는 시간을 희생해야 해'라는 꼬리말이 떠올라서 해결이 안 돼요. 도대체 어떻게 하지요?"

이것은 맞벌이 주부들이 많이 갖고 있는 벽글씨로 일견 사실처럼 보인다. 그러나 역시 '돈을 벌려면 시간이 없어서 애들을 잘 돌볼 수 없다'는 것은 벽글씨의 한계에 불과하며, 확언의 원칙에 위배되게 방법을 먼저 생각하는 것이다. 우리의 안테나는 우리에게 주어진 가장 큰 선물이다. 우리가 안테나를 잘 사용하기만 하면, 그것은 원하는 것을 이룰 수 있는 아주 창의적인 방법을 찾아줄 것이다. 대부분의 사람들은 원하는 것을 얻기 위해서 먼저 방법을 생각한다.

하지만 이것은 순서가 틀렸다. 지금 현재의 관점에서는 현재의 문제를 해결할 방법이 존재하지 않는다. 한마디로 말해서 현재의 관점에서 생긴 문제는 현재의 관점이 해결해줄 수 없는 것이다. 왜 우리 자신을 해결책이 없는 현재의 관점에 가둬두려 하는가? 우리가 확언으로 관점을 원하는 목적지로 이동시키면 우리의 안테나가 자동으로 마치 네비게이션 시스템처럼 길(방법)을 찾아줄 것이다. 먼저 다음과 같이 확언하라.

"나는 쉽게 꾸준히 _____를 벌면서 가족들과 여유롭게 지낸다."

마지막으로 필자의 돈에 관한 과거 벽글씨를 한번 보기로 하자.

과거의 확언	EFT로 꼬리말이 잘린 확언
• 나는 돈에는 약해 • 나는 돈을 잘 모르겠어 • 돈 버는 것은 아무나 하는 게 아니야 • 돈 버는 것은 힘들고 어려워 • 이제 의사가 돈 벌기는 힘들어	• 어떻게든 먹고살아야지 • 가족은 부양해야지 • 빚은 갚아야지

필자는 과거에 이와 같은 벽글씨를 갖고 있었다. 자, 왼쪽 칸을 보니 기분이 어떤가? 이 글을 쓰면서 다시 보니 깜깜하게 느껴진다. 도대체 저런 벽글씨로 어떻게 먹고살았을까 하는 생각이 든다. 다시 오른쪽 칸을 보면 어떤가? 이것도 사실 긍정적인 벽글씨는 아니다. 겨우 밥 벌어먹는, 그저 생존하는, 그 이상도 그 이하도 아닌 모습이 아닌가? 이처럼 벽글씨는 우리의 모습을 그대로 반영한다.

필자가 EFT와 확언으로 이 벽글씨들을 바꿀 때까지, 필자의 쪼들리는 경제 상황은 지속되었다. 이것들을 지우고 바꾸기 시작하자, 갑자기 겨울 나라에 봄이 오듯, 변화가 시작되었다. 의외의 목돈이 들어오고, 사람들을 치료하는 것이 재미있어지고, 책을 써서 인세도 받고, 강의도 하고, 한의원도 새로 바뀌었다. 세상에서 가장 비싼 대가를 지불해야 하는 것은 금도 다이아몬드도 좋은 집도 아니다. 바로 돈을 못 벌게 만드는 부정적 벽글씨들이다.

세상에서 가장 비싼 대가를 지불해야 하는 것은 바로 부정적 벽글씨 그 자체이다.

02

인간관계의 문 열기

우리는 더불어 살아간다. 모두가 조화롭게 살아간다면 좋은데, 현실 세계에서는 많은 다툼이 일어난다. 심지어 서로가 서로를 죽고 죽이는 전쟁까지 생겨, 함께 살아가는 것이 지옥처럼 느껴지기도 한다. 이 모든 다툼과 전쟁의 근본 원인은 사실 단 하나다. 바로 서로의 의견 차이 때문이다. 우리는 서로에게 자신의 의견을 관철하기 위해 살생과 전쟁까지 불사하는 것이다. 왜 우리는 이렇게 항상 서로를 판단하고 증오하고 원망하다가 결국은 상대방을 파괴하려고만 할까?

사례1) EFT 워크숍에서 있었던 일이다.

당시 ○○ 씨가 대통령 후보에 나섰는데, 한 40대 여성 참가자가 이렇게 말하는 것이 아닌가?

"그 사람이 대통령이 돼서 5년간이나 나라를 다스릴 것을 생각하니 화병이 나서 죽을 것 같고 미치겠어요."

"아무리 그렇다고, 왜 그렇게 화병 나고 미칠 것 같으세요?"

"부정부패의 표본이니까요."

"그렇다고 꼭 몸 상하게 화병이 나야 하나요?"

"저는 원래 정의감이 강해요. 대학교 때에도 여학생들 괴롭히는 남학생들은 내가 대신해서라도 혼내주거나 항의하곤 했어요. 저는 부정부패한 사람, 특히 부정부패한 남자들을 못 참아요."

"그렇군요. 그런데 왜 하필 부정부패한 남자들에게만 그렇게 정의감이 들죠?"

급소를 찌르는 이 질문에 이분은 잠시 흠칫하면서 몽롱해지더니 말을 이었다.

"그런 남자들을 보면 아버지가 생각나요……."

"아버지에 대한 분노가 많이 있었나보군요. 특별히 그럴 만한 일이 있었나요?"

그분은 다시 잠시 몽롱해졌다가 뭔가를 알아차린 듯 몸을 떨고 흐느끼며 이렇게 말했다.

"항상 아버지에 대한 원망이 많았고, 나쁜 남자들을 보면 아버지가 생각났어요. 아, 그런데 갑자기 뭔가가 떠올랐어요. 초등학교 때 남동생과 말다툼을 하는데, 때리지도 않았는데 남동생이 갑자기 울었어요. 그 순간 갑자기 들어온 아버지가 이 광경을 보고서는 내 뒤에서 내 양팔을 꺾어 잡고서는 동생에게 '자, 원하는 만큼 때려. 남자가 절대로 여자에게 맞거나 지면 안 돼'라고 했어요. 깜빡 잊고 살아왔는데, 지금 이 장면을 떠올리니 온몸이 부들부들 떨려요. 아버지가 너무나 남성 우월주의자에다 가부장적이었어요."

"그럼 결국 그 후보에 대한 화병의 원인은 바로 아버지에 대한 분노인 것이겠네요."

사례2) 또 다른 50대 여성 내담자의 사례를 보기로 하자.

"어머니에 대한 원망이 지워지지 않아요. 위로 오빠만 잘해주고 나는 여자라고 차별만 했어요."

"어떻게 차별했죠?"

"먹는 것도 오빠 것만 챙기고, 나는 먹다 남은 거나 줬어요. 학용품도 오빠에게는 좋은 것으로 사주고, 나는 잘 안 사주고, 하여튼 모두 이런 식이었어요."

"어머니께서 남녀 차별이 심했네요. 그럼 어머니의 어머니, 즉 외할머니는 어떻게 어머니를 키웠을까요?"

"엄마 어렸을 때야 당연히 아들만 귀한 줄 알 때니까, 딸이라고 대접도 못 받고 천대받고 살았겠죠. 참, 엄마 말 들으니 진짜 그랬대요."

"좋습니다. 그렇군요. 그럼 그렇게 귀하게 키운 오빠는 어머니한테 잘하나요?"

"아니요, 물려준 재산이나 팔아먹고, 엄마도 잘 안 모시고, 용돈도 별로 안 드려서 오히려 제가 드릴 때가 종종 있어요. 좀 불쌍하죠."

"좋습니다. 그럼 어머니는 귀하게 키운 아들한테도 대접 못 받고, 차별하고 홀대했던 딸한테는 당연히 구박받고 원망만 듣겠네요. 그럼 어머니는 누구에게 이 억울함을 하소연하죠?"

"그러고 보니 엄마가 한없이 불쌍해지고 이해가 되네요. 아까는 원망하고 미워하던 마음이 10이었는데 지금은 0이에요. 정말 감사합니다."

"우리는 배운 대로 할 뿐입니다. 어머니는 외할머니한테 배운 대로 그것이 전부인 줄 알고 열심히 남녀를 차별했고, 오빠는 어머니한테 배운 것이 받는 것밖에 없으므로 계속 어머니한테 받으려고만 하고 줄 줄을 몰랐을 뿐입니다."

사례3) 30대 초반의 남성이 15년 된 틱 장애와 대인공포증으로 내원
했다.

틱 증상은 눈알을 자꾸 돌리고, 입을 오물거리며, 침을 꿀꺽 소리 나
게 삼키는 것 등으로 20여 가지나 되었다. 이러한 틱 증상을 자꾸 의식해
서인지 사람을 보는 것이 두렵고, 시선 공포증이 있어서 타인의 눈을 마
주칠 수가 없고, 공공시설에 가면 자꾸 자기를 쳐다보는 것 같아서 고시
생인데도 도서관에 가지 못한다고 하였다.

처음 상담에는 빅터 프랭클의 역설적 의도 기법을 활용하여 EFT 타
점을 두드리면서 갖고 있는 모든 틱 증상을 의도적으로 표현하여 표출
하도록 했다. 이 기법은 '저항하면 끈질기게 계속된다'는 칼 융의 무의식
원리를 이용한 것이다. 10분 정도 이렇게 의도적으로 틱 증상을 표출시
킨 다음, 집에서도 매일 10분씩 하루 2회 이상 틱 증상을 의도적으로 표
현하도록 일렀다.

그다음 치료에서는 언제 틱 증상이 시작되었는지 물어보니, 중학교
때 텔레비전을 보는데 눈을 씰룩거리면서 본다고 아버지에게 뺨을 맞은
이후로 시작되었다고 했다. 아버지에 대해서는 어떻게 생각하느냐고 물
으니 너무 엄격하고 가부장적이어서 싫어한다고 하였다. 그래서 그때의
기억을 떠올리게 하여 영화관 기법으로 지워주었다. 상담 마지막에 그때
의 장면을 기억하게 하였으나 기억도 잘 나지 않고 아무런 느낌도 없다
고 하였다.

다음 상담에서는 아버지에 대한 부정적인 기억과 분노가 많이 내재

되어 있음을 확인하고 이를 치료해보기로 하였다. 아버지에 대한 부정적인 기억을 몇 개 떠올려 영화관 기법으로 지운 다음, 다음과 같이 EFT 리프레이밍을 하였다.

"아버지가 많이 미운가요?"

"네. 엄하고 자주 때리기만 했고, 한 번도 아버지의 정을 느낀 적이 없어요. 틱 증상도 그때 맞은 이후로 계속된 거예요."

"그럼 아버지의 아버지, 즉 할아버지는 어땠나요?"

"할아버지는 더 했대요."

"그럼 아버지도 많이 맞았을까요?"

"그렇겠죠. 아마도 최소한 저보다 더 맞았겠죠."

"그렇군요. 아버지는 ○○님에게 애정을 표현하고 싶어도 때리는 것 외엔 표현할 방법을 몰랐겠군요. 게다가 아들인 ○○님도 미워하고 있고, 나이 들어서 갈수록 힘이 없어져서 ○○님이 대들고 무시해도 어쩔 수도 없겠군요. 아버지도 싫어했고 아들도 싫어하는 갈 데 없는 신세네요. 자, 지금도 아버지에게 화가 나나요?"

"이제 듣고 보니 아버지가 불쌍해지네요."

이 상담 이후에 이분은 아버지와 내면의 화해가 이루어졌고 10여 년 이상 대화가 없던 상태가 개선되어 대화도 하고 서로 얼굴도 마주 보게 되었다. 이런 식으로 2개월 정도 치료하고 나니 틱 증상은 90퍼센트 이상 개선되었고 시선 공포증도 사라져서 타인을 자유롭게 대할 수 있게 되었다. 이와 더불어 만성화된 부정적인 생각도 사라져서 인생의 목표를 달성할 수 있다는 확신도 생겼다. 이 문제처럼 해결되지 않은 가족 간의 갈등이 핵심 주제로 작용하여 각종 증상을 만들어내는 경우가 많다. 가정 폭력의 가해자는 거의 대부분 어렸을 때 가정 폭력의 피해자였다. 아무리 심각한 피해자도 가해자의 입장에서 보는 경험을 하게 되면 용서와 화해의 마음이 생긴다.

이상의 세 사례는 우리가 사람들에 대해 내리는 판단이 어떤 것인지, 또한 의견 차이라고 하는 것이 무엇인지를 적나라하게 보여준다. 의견 차이라고 하는 것이 사실은 그저 허구적인 벽글씨의 차이에 불과하다는 것을 알게 되면, 위의 사례에서처럼 타인과 세상을 전과 달리 보게 된다.

인간의 의견 차이는 벽글씨의 차이에 불과하다

우리가 그렇게 싫어하던 타인의 모습이 결국은 그들 내면의 벽글씨에 불과하고, 이런 판단을 하는 나의 실체도 결국은 나의 내면의 벽글씨에 지나지 않는다. 우리는 결국 서로가 가진 벽글씨라는 대본의 연기자에 지나지 않는다는 사실을 이해하고 각자의 벽글씨를 지워버린다면 근원적인 이해와 사랑 이외에 무엇이 남겠는가?

우리가 서로를 판단하는 벽글씨를 내버린다면 근원적인 이해와 사랑만이 남는다.

그렇다고 필자가 흉악한 살인자들을 옹호하고, 그들에 대한 처벌을 없애라는 주장을 하는 것은 아니다. 그것보다는 이 흉악범들도 사실 모두 자신의 벽글씨 - 그들 내면의 신념과 태도, 두려움, 경험 - 를 따라 행동하고 있다는 것을 말하고자 하는 것이다. 이 흉악범들에게 아무리 큰 벌을 준다고 하더라도, 이 벌이 그들 내면의 벽글씨를 바꿔주지 못한다면 재범률을 높이기만 할 뿐이다. '눈에는 눈, 이에는 이'의 방식은 범죄자들의 내면에 이미 가득한 증오의 벽글씨만을 키울 뿐이다. 내게 살인자들은 도움이 필요한 사람들이고, 연쇄 살인과 전쟁은 이 세상에 의식의 깨어남이 필요하다는 증거이다. 우리는 하나이고 우리가 느끼는 차이는 그저 우리가 가진 벽글씨의 다름에 불과하다.

나 자신의 벽글씨를 보는 것보다는 타인의 벽글씨를 보는 것이 더 쉽다. 나의 벽글씨는 그 자체가 나에게 진리가 되기 때문에, 내가 쓴 안경이 나에게 보이지 않는 것처럼, 나의 벽글씨와 나는 일체가 되어 잘 보이지 않는다. 우리는 끊임없이 벽글씨를 참조한다. 이 벽글씨가 세상과 상황과 사람에 대해 내가 규정하는 모든 진리의 실체다. 이 벽글씨는 우리가 보고 듣고 맛보고 느끼는 모든 것을 거르는 필터이다. 여러분이 읽는 이 책도 모두 이 필터의 영향을 받는다.

필자는 과거에 나와 다른 의견을 가지고 다르게 행동하는 사람들을 이러쿵저러쿵 판단하곤 했다. 지금도 여전히 타인의 행동과 의견을 판단하지만, 점차 내가 판단하고 있는 것이 사실은 그 사람 자체라기보다는 오히려 '그 사람의 벽글씨'라는 중요한 사실을 깨달아가고 있다. 이 벽글씨는 결코 그 사람 자체가 아닐뿐더러, 그저 그 사람이 일정 시간 지니고 있는 한 더미의 믿음과 의견일 뿐으로, 앞서 본 개리 크레이그의 외할머니 말처럼 대부분은 우스꽝스런 코미디에 불과한 것들이다.

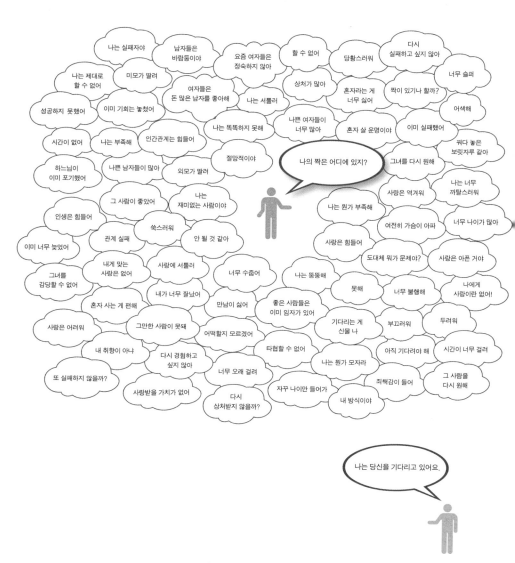

나와 당신의 사이를 보이지 않는
수많은 생각과 판단의 장벽(벽글씨)이 막고 있다.

나는 왜 하는 일마다 잘되지?

이 장벽이 열리는 만큼 우리는 더 가까워지고
마침내는 하나가 된다.

대부분의 벽글씨는 알고 보면 코미디거리에 불과하다

이런 코미디의 진위 여부를 심각하게 판단하고 있는 것도 내가 아니라 나의 벽글씨이며, 이 벽글씨도 대부분 코미디거리다. 어떤 두 사람이 의견 차이를 보인다면 그것은 실제로는 서로의 벽글씨의 차이이자 충돌일 뿐이다. 이 두 사람의 진리 기준은 결국 그들이 가진 벽글씨에 불과하다. 법관이 법전에 의거하여 죄를 선고하듯, 우리는 우리의 벽글씨에 의거하여 현실을 규정하고 타인의 의견을 판단한다. 이러한 사실을 곰곰이 생각해보면 가슴과 머리에서 자유로움이 느껴지지 않는가?

나에게 개리의 벽글씨 비유는 정말로 간결하면서도 놀라운 교훈이었다. 이것은 너무나 논리적이고 분명해서 오히려 단순하다. 우리는 모두 한 덩이의 믿음을 내부에 갖고 있고, 이 모든 것은 부모와 선생님, 동료들, 종교인, 텔레비전, 언론, 서적 등을 통해 우리의 벽글씨로 쓰인 것이다. 우리는 이런 믿음을 통해서 세상과 현실을 파악하고 규정하므로 우리에게 이러한 믿음은 너무나 소중하다.

때로는 이 믿음이 너무나 소중해서 우리는 정열적으로 이 믿음을 옹호하기도 하고, 심지어는 이 믿음을 위해 전쟁을 벌이기도 한다. 하지만 너무나 소중한 이런 믿음들은 사실상 대부분 우리의 것도 아니다. 그저 타인의 벽글씨를 받아들여 나의 벽글씨로 썼을 뿐이다. 결국 우리는 타인의 벽글씨를 받아들여 우리의 것으로 만들고서는 이 벽글씨를 위해 전쟁마저도 불사하는 셈이다.

필자의 강의에 대해서도 많은 사람들이 다양한 평가를 한다. 많은 사람들이 필자의 강의를 통찰력이 있고 유익하다고 말한다. 반면에 또 일부는 나의 강의가 어렵고 거만하다고 말한다. 정확히 한 사람의 똑같은 강의를 들었는데 왜 이렇게 차이가 나는 것일까? 참 재미있는 일이다. 이 차이를 설명할 수 있는 유일한 방법은 바로 벽글씨다. 똑같은 강의에 대해 서로가 판단하는 벽글씨가 달랐기 때문에 이런 차이가 생긴 것이다.

나의 강의에 대한 그들의 판단은 결국 그들의 벽글씨의 내용을 반영하는 것이다. 우연히도 나의 강의가 그들의 벽글씨에 부합하면 좋다고 평가하는 것이고, 부합하지 않으면 안 좋다고 평가하는 것이다. 사실 세상의 진실이라는 것은 이 이상도 이 이하도 아니다. 고로 세상의 모든 의견 차이는 모든 인간의 벽글씨의 차이에 불과하며, 우리는 벽글씨의 대변인이자 꼭두각시에 불과하다는 충격적인 결론에 도달하게 된다.

우리는 벽글씨의 대변인이자 꼭두각시에 불과하다.
더 나아가 우리가 지각하는 모든 것은 우리의 내부 상태를 외부로 투사한 것에 불과하다.

실습 **나를 힘들게 한 사람을 한번 떠올려 보고, 그 사람을 그렇게 행동하게 만드는 벽글씨가 무엇인지 생각해보라.**

03

삶은 우리에게 상상할 수 없는 희생을 요구하지 않는다. 우리가 즐거운 마음으로 삶이라는 여행을 즐기기를 바란다. 관점의 변화, 마음의 평화, 그리고 내면의 행복이 없으면 진정한 치유는 있을 수 없다. 행복이 건강의 척도이다. 우리는 행복한 만큼 내면에 존재하는 근원적 영혼의 가르침을 따르고 있는 것이다.

「어느 땐가 여느 때처럼 지하철을 타고 집으로 가는데, 지하철 안에 허름한 아저씨, 아줌마와 귀엽지만 마찬가지로 허름한 옷차림의 서너 살 아기가 하나 앉아 있더군요. 아저씨는 불구자인지 다리를 다쳤는지 목발을 짚고 있었고, 아줌마는 가방 안에 장애인증명서 – 심장이 안 좋아서 어쩌고저쩌고 하는 구절이 적혀 있는 걸로 봐서 구걸할 때 쓰는 카드 같았다 – 가 언뜻 비쳐 보이는 것과 두 사람의 행색과 정황을 보니 아마도 지하철 안에서 껌팔이나 구걸을 하면서 사는 듯했습니다. 그런데 그날은 껌을 팔거나 구걸을 하는 것이 아니라 둘이서 아기를 보며 행복해서 어쩔 줄 모르는 표정으로 앉아 있더군요.

나는 그때 문득 이 아기의 말할 수 없이 평안한 미소를 보면서 이 아기의 장래를 생각해보았습니다. 구걸로 연명하는 장애인 아빠와 엄마, 이 아이는 이러한 부모 밑에서 어떠한 교육과 음식, 잠자리를 얻을 것인가? 과연 이 아기의 부모들은 무얼 해줄 수 있다고 이 어린 생명을 또 지상으로 불러냈단 말인가? 참으로 어리석고 무지한 부모로소이다. 또 하나의 끈질긴 업보를 불러내다니!

그러다가 다시 그 아기의 부모를 보았습니다. 그들은 그네들의 아기를 안고서 얼러대면서 주위의 모든 상황과 그날의 호구지책(구걸)도 잊고 아기를 보면서 마냥 행복해하고 있었습니다. 그걸 보는 순간 갑자기 머릿속이 텅 얼어붙어 생각마저 얼어버리더니 눈물이 핑 돌았습니다.

그들에게는 그 아기가 존재의 근원이었던 겁니다. 그들에게는 그 아기가 모든 삶의 근원이자 존재의 의미이자 당위였던 겁니다. 그들에게 그 아기가 없었다면 지금 현실의 고행을 지탱해야 할 무슨 의미가 있는 것일까요? 그들에게 현실은 초라하고 힘들고 뼈가 부서지도록 견뎌내야 하는 것이지만 그들의 미래인 그 아기만은 절대로 그러한 삶을 살지 않을 거라고 그들은 희망을 품고 있겠지요.

저는 그 순간 종교의 의미가 무엇인지 깨달을 수 있었습니다. 비참하고 무의미하고 뼈 빠지는 현실을 살아갈 만한 가치와 의미를 부여하는 가장 근원적인 그 어떤 것이 아닐까요? 그들에게 아기는 예수나 석가보다 더 위대한 삶의 가치이자 미래였을 겁니다.

"마음이 가난한 자는 복이 있나니."

나를 석가와 예수로 알고 살아오신 어머니를 생각하며, 이 땅의 고통받는 모든 생명에 대해 생각합니다. 오늘도 지하철에서 많은 힘든 생명들이 발걸음을 끌며 가고 있더군요.」

이 이야기는 필자가 오래전에 썼던 글이다. 삶이란 무엇이고 행복은 무엇일까? CNN의 설립자인 테드 터너의 아버지는 사업상의 모든 성공을 이룬 어느 날, 가족과의 평화롭고 일상적인 아침 식사를 마치고 권총으로 자살해버렸다. 이에 관해 테드 터너는 아버지가 더 이상 이루어야 할 삶의 목적이 사라져서 자살했기 때문에, 자기는 살기 위해서라도 '세계 평화'를 만드는 것을 삶의 목적으로 만들었다고 설명했다. 실제로 테드 터너는 이 목적을 실현하기 위해 막대한 돈을 UN에 기부하고, 야생 버펄로를 살리기 위해 광활한 땅을 사서 자연 상태로 유지하는 활동을 하기도 했다.

반면에 빅터 프랭클이라는 오스트리아의 유태인 정신과 의사는 제2차 세계대전 중에 유태인 수용소로 끌려가, 부모님과 젊은 아내와 여동생을 모두 잃고 혼자 살아남는다. 그도 죽고 싶었고 죽으려고도 했지만, 신경정신과 의사로서의 인간의 삶과 정신에 대한 책임과 연구 정신 때문에 어떻게든 살아남기로 결심했다.

그는 인간이 경험할 수 있는 가장 처참하고 불행한 환경인 수용소에서도 인간이 행복과 유머를 느낄 수 있는지를 관찰했고, 이런 곳에서도 행복과 유머가 있음을 관찰하고 기록했다. 또 그는 어떤 사람들이 이곳에서 살아남는지를 관찰했다. 재미있게도 크리스마스가 다가오면 사망률이 현저하게 줄어들다가, 크리스마스가 지나면 사망률이 현저하게 늘어났다고 한다. 사람들은 크리스마스가 다가오면 혹시나 풀려나지 않을까 하는 희망을 갖고 살아가다가, 크리스마스가 지나면 낙심하면서 이 희망의 끈을 놓아버렸던 것이다.

얼마 전에 우리나라의 사망 원인 통계를 보니 자살이 4위였다. 그만큼 많은 사람들이 삶의 무게에 짓눌리고 있는 것처럼 보인다. 많은 사람들이 삶이 힘들어서 죽는다고 말하지만 사실상 삶이 힘들어서 죽는 사람은 없다. 자신의 삶에서 의미와 꿈을 상실했기 때문에 죽는 것이다. 마음 – 삶의 꿈과 의미 – 이 먼저 죽었기 때문에 몸의 죽음이 따라오는 것이다. 그리고 이런 삶의 의미 체계 – 꿈과 의미 – 는 세상이 주는 것이 아니라, 내가 세상에 주는 것이며, 결국 나의 벽글씨에서 비롯된다. 다시 말해서 삶의 의미 체계가 붕괴된 사람은 그 사람의 벽글씨 내용이 그러한 것이다.

인생의 행복은 객관적 삶의 조건이 아니라 주관적 삶의 의미 체계(벽글씨)에 있다.

자, 그럼 여기서 행복에 관한 우리의 벽글씨를 찾아보자. 다음 빈칸을 채워보자.

나는 _____ 때문에 행복하다.	나는 행복하다. 하지만 _____ 하다.

한 내담자가 다음과 같은 벽글씨를 보여주었다. 이 사람이 행복해지려면 어떻게 해야 할까?

나는 _____ 때문에 행복하다.	나는 행복하다. 하지만 _____ 하다.
1 직업이 있어서	1 빚이 1억이고 갚기 힘들다.
2 집이 있어서	2 키가 작아 콤플렉스다.
3 차가 있어서	3 월급이 부족하고 여유가 없다.
4 아내와 두 아이가 있어서	4 학벌이 달린다.
5 부모님과 의좋은 동생이 있어서	5 사업을 하고 싶은데 자신감이 부족하다.

왼쪽 칸을 먼저 보라. 기분이 어떤가? 행복해지지 않는가? 그럼 다시 오른쪽 칸을 보라. 기분이 어떤가? 삶이 힘들고 빡빡하고 비참해지지 않는가? 행복은 쉽다. 내 벽글씨의 내용만큼 나는 행복해지는 것이다. 이제 앞서 배운 대로 강력한 지우개인 EFT로 오른쪽 칸의 내용을 지우거나 확언으로 대체해보라. 다음이 그 결과이다.

나는 _____ 때문에 행복하다.	나는 행복하다. 하지만 _____ 하다.
1 직업이 있어서	1 왜 나는 모든 빚을 쉽게 갚지?
2 집이 있어서	2 나는 내면의 성장을 선택한다.
3 차가 있어서	3 내 월급이 두 배가 된다.
4 아내와 두 아이가 있어서	4 (EFT로 콤플렉스 지움)
5 부모님과 의좋은 동생이 있어서	5 왜 나는 자신감 있게 사업을 하지?

왼쪽 칸과 오른쪽 칸을 보니 기분이 어떤가? 바로 이런 느낌이다. 내가 행복해지기 위해서 세상이 바뀌기를 기다릴 필요가 없다. 먼저 나의

내면을 바꾸면 외면의 조건은 나의 내면 조건(벽글씨)에 맞게 따라온다.

불행의 벽글씨는 지우거나 확언으로 대체하라.

지금 여기서 행복하라

언제 어디서든
어떤 조건이든
어떤 상황이든 행복을 선택하라.
그러면 당신의 미래가 두렵지 않을 것이다.
행복한 현재가 행복한 미래를 낳을 것이다.
콩 심은 데 콩 나고 팥 심은 데 팥 나듯.

지금의 상황이
행복하기에 힘든 상황이라고 판단한다면
조건이 충족될 때까지 항상 우울할 것이고
이러한 현재의 바탕에서 그려지는 미래도 역시 그러할 것이다.
이렇게 두려운 미래는 다시 두려운 현재를 낳는다.
콩 심은 데 콩 나고 팥 심은 데 팥 나듯.

행복한 미래를 꿈꾼다면
지금 당장 여기서 무조건적으로 행복을 느껴라.
바로 지금 여기가 나의 모든 과거-현재-미래의 해피엔딩이다.

04

생명은 완전한 건강의 원리에 의해 운영된다

모터쇼에 가본 적이 있는가? 필자는 킨텍스에서 열린 서울 모터쇼에 가본 적이 있다. 수많은 사람들 때문에 길게 줄을 서서 겨우 들어갔지만 전 세계의 최첨단 최고급 자동차들을 넋을 잃고 보았었다. 다른 사람들도 나와 다르지 않았다. 그런데 만일 당신이 최고급 벤츠 자동차를 넋을 잃고 보고 있는데, 그 옆 바닥에 흔하디 흔한 은행잎 하나가 떨어져 있다면 어떻게 하겠는가?

아마도 대부분이 거의 신경 쓰지 않을 것이다. 그런데 놀라운 것은 이렇게 엄청난 자동차를 만들어내는 인류의 모든 기술과 인력을 합쳐도, 흔한 이파리 하나를 공장에서 조립해낼 수 없다는 점이다. 다시 말해서 이 은행잎 하나에 깃든 생명의 기술이 인류의 그 어떤 초정밀 기계보다 더 월등한 것이다. 생명에 관한 인간의 지식은 아직 너무나 미약하다. 지금까지 인류가 발견한 생명 지식은 비유하자면 거대한 모래사장에서 단지 한 줌의 모래를 담은 것에 불과하다. 생명에 대해서 우리가 할 수 있는 말은 단 한마디이다.

"아직 모른다."

우리는 이 경이로운 생명 현상에 대해서 오직 '아직 모른다'는 사실만을 확실히 알 뿐이다.

이제 과연 생명이 무엇인지 한번 고찰해보자.

지구는 거대한 생명의 덩어리이며 일종의 지성적인 힘이 내재되어 있다. 이 지성적인 힘이 물질에 형태와 움직임을 부여한다. 이 지성은 마치 컴퓨터 프로그램이 컴퓨터를 운영하듯 지구를 운영한다. 지구의 지성은 만물을 빚어낸다. 습지에서는 곰팡이가 자라고, 사막에서는 선인장이 자라고, 웅덩이에서는 모기 유충과 개구리들이 생겨난다. 이 지성적인 힘은 마치 도둑놈처럼 조금의 틈이라도 보이면 곳곳에 생명을 훔쳐 넣으려고 한다. 그래서 고속도로의 삭막한 갓길 위에 흙도 없이 먼지만 쌓인 곳에서도 잡초가 싹을 틔우고, 황량한 사막에서도 비가 내리면 온갖 생명이 한꺼번에 물이 마르기 전에 발아하고 열매를 맺는다.

또 지구의 지성은 만물을 운영한다. 사계절을 만들기도 하고, 바람을 만들기도 하고, 물이 비와 강과 바다의 형태로 빠짐없이 순환하게 한다. 사계절에 따라 철새가 이동하고, 공기 중에만 있는 질소 가스는 뿌리혹박테리아에 의해 식물의 영양분으로 상태가 바뀌고, 동물들이 다시 이것을 먹는다. 이 거대한 지구의 생태계는 인간의 내분비계나 순환기계 이상으로 복잡하고 정교하게 작동하면서도 결코 질서를 잃지 않는다. 제임스 러브록의 '가이아 이론'은 지구 전체가 살아 있는 생명임을 잘 논증하고 있다.

지구가 일종의 지성을 지닌 거대한 생명체임을 상징하는 가이아 여신.

지구의 지성은 쉼 없이 작용하여 계속 만물과 만상을 지어내고 있다. 이 지성은, 인간의 지성이 예술과 학문, 문화로 표출되듯, 더 완전하고 더 충분하게 스스로를 표현하려 한다. 그 결과 생명 현상은 더욱 완벽해져서 완전한 건강 상태로 나아간다. 이 지성의 힘은 오로지 완벽한 생명을 지향한다. 따라서 지구상의 모든 생명에는 완벽한 건강을 지향하는 이 지성의 힘이 스며들어 있다.

인간은 이 지성의 힘에 연결되어 있고 이것과 하나가 될 수 있다. 반대로 잘못된 인간적 생각, 즉 벽글씨로 이 지성의 힘과 분리될 수도 있다. 인간도 이러한 지구라는 거대한 생명의 일부분으로 인체에는 완벽한 건강의 섭리가 내재되어 있다. 이런 건강의 섭리가 온전히 발휘되면 인체 역시 자율적으로 온전히 건강을 회복하게 된다.

내 신발의 탄소 원자나 내 발바닥의 탄소 원자나 모두 동일한 탄소 원자이다. 하지만 신발은 닳아 없어져도 내 발은 닳지 않는다. 내 발에는 생명의 힘, 즉 물질을 움직이는 생명의 지성이 있기 때문이다. 여기서 인간의 본질은 마음이자 의식이며 육신은 마음의 그림자이자 반영임을 알 수 있다. 물질은 수동적이며 마음은 능동적이다. 마음에 그려진 생각대로 물질은 배열되고 드러난다. 마음은 마치 무형의 설계도와 같아서 유형의 건물은 이 무형의 설계도에 따라 지어지는 것이다.

우리가 온전한 건강만을 생각하면, 내재된 생명의 지성이 만든 섭리에 따라, 우리 몸은 온전한 건강 상태를 유지한다. 그러므로 건강을 달성하기 위한 가장 첫 걸음은 완전한 건강의 개념을 마음속에 심고서 완전히 건강한 사람의 삶의 방식을 따르는 것이다. 완전한 건강의 개념을 마음속에 심고 질병이나 아픔과 관련된 생각을 모두 내려놓으라. 건강의 개념만을 마음속에 심고서, 긍정적인 믿음으로 이 생각을 유지하면 건강의 섭리가 자연스럽게 작동하여 모든 병을 낫게 할 수 있다.

병을 당연하게 여기지 말라

인체는 건강의 섭리에 따라 생겼고 이에 따라 운영된다. 질병은 정상이 아닌 비정상이다. 따라서 내 몸의 병을 당연히 여기지 말라.

- 나는 겨울만 되면 비염이 생겨.
- 나는 겨울만 되면 추워서 못 살겠어.
- 나는 조금만 걸어도 무릎이 시큰거려.
- 조금만 신경 쓰면 머리가 아파.

이런 말들은 벽글씨가 되어 질병을 고착화한다. 고통과 질병에 대한 부정적인 생각들을 마음에 담지 말라. 이런 생각들은 눈에 보이지 않지만 반드시 내 몸에 작용한다. 내가 아는 한 사람은 조금만 힘든 일이 생기면 "환장하겠네"라는 말을 달고 살았다. 그는 한 달에 두세 번은 배가 뒤틀리는 듯 아팠고 꼭 일 년에 한 번씩은 병가를 내곤 했다. 이 사실을 알고서 그에게 "환장하다"는 "장이 꼬인다"라는 말이라고 설명해주었더니 이후로는 그 말을 하지 않았다. 이후 1년이 지났는데 이 사람의 배는 멀쩡하다. 바로 이렇게 내 몸은 내 말을 듣는다.

일부 의사들은 매일 소량의 아스피린을 먹으면 심장병과 중풍이 예방된다면서 아스피린을 권한다. 하지만 심장병과 중풍에 대한 두려운 생각이 마음에 가득한 사람이 아스피린을 먹는다고 백 퍼센트 건강해질 수는 없다. 오히려 매일 아스피린을 먹으면서 병에 대한 두려운 생각이 더욱 고착될 뿐이다. 우리가 건강과 질병을 동시에 가질 수 없듯이 이들 반대되는 두 생각도 마음속에서 동시에 양립할 수 없다.

내가 아는 한 50대의 남자분은 어머니가 위암에 걸려서 10년 전에 돌아가시고, 10살 많은 형님도 몇 년 전에 위암에 걸려 수술을 받았다. 그래서 이분은 10년간 식사도 절제하고, 매년 위 내시경 검사도 받으면서 위암에 걸리지 않게 조심했다. 그런데 10번째 위 내시경 검사 결과, 안타깝게도 초기 암 진단을 받았다. 그 순간 이 사람은 무심코 '아, 드디어 암에 걸렸구나'라고 탄식했다. 병에 대한 생각은 바로 이런 것이다.

내 몸도 내 벽글씨를 따른다.

확언과 상상이 병을 치유한다

몇 달 전에 필자에게서 확언 강의를 들은 모 의사 선생님으로부터 전화가 왔다. 놀라고 흥분된 목소리로 이분이 말씀하셨다.

"선생님, 확언이 정말 되네요!"
"그럼 당연히 되죠. 제가 안 되는 것을 된다고 하겠어요? 그런데 무슨 일이세요?"
"석 달 전에 제가 당화혈색소 검사(당뇨병 검진법)에서 대사성 증후군(일종의 당뇨병)으로 판정받지 않았겠어요. 그래서 체중도 있고 해서, 걱정하다가 선생님 생각이 나서 확언을 했죠. 매일 '나의 혈당은 정상이다'라고 계속 확언하고 두드렸죠. 그런데 요 며칠 새 다시 당화혈색소 검사를 했는데 정상이지 뭐예요. 정말 신기하네요."
"뭘요, 당연한 거죠. 내 몸은 내 말을 듣습니다."
"그래요? 그 말 멋진데, 그 말도 확언인가요?"
"아니요, 이것은 확언이 아니고 사실입니다."

내 몸은 내 말을 듣는다.

확언과 상상이 얼마나 탁월하게 병을 치료하는지 아래에 필자의 사례를 수록하였다. 다음의 사례들을 참고하여 독자 여러분도 건강을 찾고 유지하는 데에 적극적으로 상상과 확언을 활용하기를 바란다.

사례1) 세 번이나 수술을 받은 10년 된 척추협착증과 우울증

60대의 여자분 B 님은 필자가 강의하는 유나방송 애청자인 사위의 권유로 내원하셨다. 10년 전에 척추협착증으로 수술을 해서 인공뼈를 넣었는데도 허리를 가눌 수가 없어서, 이후 1년간 두 번의 재수술을 했는데 전혀 효과가 없었다고 했다. 병원에서는 사진상으로는 아플 이유가 없다며 이상하다고만 했다.

B 님이 사위와 처음 오실 때에는 복대를 하고도 허리를 제대로 펴지 못하는 것은 물론 10미터도 안 되는 실내를 제대로 걷지도 못하였다. 몸통이 틀어져서 기우뚱한 채로, 통증 때문에 허리를 부여잡고 겨우 진료실로 들어오셨다. 표정은 마치 바둑 천재 이창호를 보는 듯 무표정 그 자체였다. 허리의 통증은 8정도(0-10척도)라고 하였다. 증상과 여러 상황에 대해서 물어도 겨우 "좋은 것도 나쁜 것도 없어요"만 반복했다.

그러자 보고 있던 사위가 몇 마디를 거들었다.

"큰아들이 10년 전에 죽고 둘째인 딸은 저와 결혼하고, 막내아들은 17년간 불구로 누워서 지내다가 10년 전쯤에 죽었어요."

이 말을 듣고 이분의 삶의 무게와 상처가 너무 크구나 하는 직감이 들었고, 삶의 무게가 허리의 통증으로 나타났다는 생각이 들었다. 그래서 이분께서 아무 표현을 하지 않으시므로 다음과 같이 직관을 활용하여 EFT를 했다.

"너무나 힘들게 살아왔다. 너무나 힘이 들지만 아이들 때문에 죽을 수도 없었다. 산 것이 아니라 버틴 것이었고, 버티고 버티고 버티다 여기까지 왔다. 하지만 이제 아들 둘도 가고 허리도 병들어 제대로 걸을 수도 없다. 너무나 힘이 들어서 참기만 하다 보니 좋은 것도 좋은 줄 모르겠고, 싫은 것도 싫은 줄 모르겠다. 좋은 것도 나쁜 것도 없다. 사는 것이 아니라 버티는 것이었다. 버티다 버티다 여기까지 왔다."

이렇게 넋두리 EFT를 하자 마치 돌부처가 돌아앉아 눈물을 흘리듯 이분이 눈물을 주르륵 흘렸다. 필자가 이제 일어서서 걸어보시라고 하니 훨씬 부드럽게 일어섰고 통증도 8에서 3으로 떨어졌다. 이에 무표정하던 B 님께서 갑자기 엷은 미소를 띠면서 "이게 무슨 일이지? 허리가 어떻게 이렇게 되지? 신기하네!"라고 소리를 쳤다.

그다음 회기 치료에서는 양상에 따라 허리를 치료했고 더불어 "내 허리는 건강하고 튼튼하고 꼿꼿하다"라는 확언을 매일 반복하게 하면서 다음과 같이 말했다.

"죽겠다 죽겠다 하면 더 죽게 되고 살 만하다 살 만하다 하면 살 만해집니다. 마찬가지로 좋아진다 좋아진다를 계속하면 많든 적든 좋아집니다. 긍정적인 생각은 어쨌든 남는 장사입니다. 아시겠죠?"

"네, 정말 그러네요. 매일 '죽겠다', '못 걷는다' 이런 생각만 했는데."

이렇게 4주간 4회 치료한 결과는 놀라웠다. 복대를 하지 않으면 힘이 없어 걷지 못하던 분이 복대를 떼셨고, 자동차로 겨우 오시던 분이 지하철을 타고 오셨다. 무표정했던 얼굴도 약간의 미소가 살아나서 웃기 시작하셨고, 궁극적으로 삶에 대한 비관적인 생각들이 긍정적으로 바뀌었다.

사례2) 상상으로 임신하기

2007년에 30대 초반의 여자분이 노력해도 2년간 임신이 안 됐다며 찾아왔다. 몇 달 뒤에 남편이 미국으로 전출가는데, 이 기간 안에 임신해서 미국에서 출산하여 아기가 미국 시민권을 갖게 해달라고 하였다.

"반드시 임신되게 해드릴 테니 제 말만 들으세요. 먼저 불임 치료에 관한 것은 모두 잊으세요. 아예 신경을 끄세요. 그다음 갓난아이 육아 사이트에 자주 들어가서 육아법에 관해 공부하고, 예쁜 아기 사진을 여기저기 붙이고 수첩에도 넣어 다니세요. 임신이 되니 안 되니 하는 생각도 잊으세요. 그냥 제가 시키는 대로만 하세요."

그리고 몇 달 뒤에 미국에서 임신했다고 소식을 듣게 되었다.

사례3) 확언과 상상으로 발 치료하기

거의 예순이 다 된 여자 환자분이 몇 년째 밤마다 발이 순식간에 얼음같이 얼었다가 불같이 뜨거워졌다가 하는 증상 때문에 도저히 잠을 못 잔다며 찾아왔다. 그래서 한약을 지어드리고 한 달간 치료를 약속하고 다음과 같이 말했다.

"발이 어떤 상태일 때가 가장 편안하시죠?"

"적당히 따뜻할 때요."

"그럼 온천에 발 담글 때의 기분인가요?"

"네."

"좋습니다. 아주 신 밀감 드셔본 적 있나요?"

"네."

"그것을 지금 콱 깨물어서 씹는다고 상상해보세요."

"지금 씹었어요."

"어떠세요?"

"입에서 침이 막 고이네요."

"좋습니다. 우리의 뇌는 상상과 실재를 구분하지 못합니다. 발의 느낌도 마찬가지입니다. 그렇게 상상하면 그렇게 됩니다. 온천에 가본 적

있죠? 자, 지금 온천에서 편안하게 발 담그고 있다고 상상하세요. (이때 EFT 두드리기를 같이 하였다.) 발의 느낌이 어떠세요?"

"막 편안해지고 따뜻해지는군요."

"이마에서 땀도 약간 나고 온몸이 나른하면서 개운하시죠?"

"네."

"좋습니다. 이제 매일 이런 상상 훈련을 저녁마다 자기 전에 하세요. 상상이 잘 안 되면 잡지에서 온천 사진 여러 개 오려서 보시다가 주무시면서 상상하셔도 됩니다. 지금은 어떠세요?"

"발이 따뜻해지고 온몸이 편안하고 개운하네요. 신기해요."

이후 이 환자분은 매일 상상 연습을 했고, 한 달 뒤 이분의 발은 불편함이 모두 사라졌다.

사례4) 50년 된 소화불량, 두통, 우울증, 오한, 불면증, 건강염려증

2008년 여름, 일흔 살의 할머니가 다음과 같은 증상으로 찾아오셨다.

- 소화불량: 50년도 넘었고, 매일 소화제를 복용하고, 항상 속이 더부룩하고 체한 상태여서, 야채만 겨우 조금씩 드시고 있었다.
- 두통: 이것도 50년이 넘었고, 매일 두통약을 습관적으로 복용하고 있었다.
- 오한: 30년 이상 되었는데, 여름에도 선풍기나 에어컨 바람을 쐬지 못하고, 바람만 쐬면 감기 증상이 생겨서 바람 공포증도 있었다. 항상 추워서 핫팩을 온몸에 둘러싸도 그때만 괜찮고, 벗으면 도로 춥고, 바람이 뼛속을 돌아다니는 느낌이라고 했다.
- 불면증: 30년 이상 되었는데, 잠을 자지 못하니 사는 낙이 없고 항

상 우울하며, 저녁만 되면 '오늘도 잠이 안 오면 어떡하나' 하는 불면공포증까지 있었다.

- 건강염려증 및 우울증: 30년 이상 되었고, 위와 같은 만성 증상으로 삶의 낙이 없고, 항상 건강에 대한 걱정에 빠져서 80세를 넘기지 말고 죽어야겠다는 신념을 갖고 있었다.

병력이 너무 오래되고 증상이 심해서 기존 치료 경력을 물어보니 다음과 같았다.

- 거의 매일 병원에 출근하여 감기, 두통, 소화불량 등을 치료받고 있었다. 낫기 때문에 치료받는 것이 아니라 불안해서 병원에 출근하고 있다고 했다.
- 매일 소화제와 진통제를 수시로 복용하고 있었다.
- 수십 년간 온갖 양약 및 한약을 복용하였으나 전혀 차도가 없었다.

이외에도 내담자는 병에 대한 뿌리 깊은 제한적 신념도 갖고 있었다.
- '내 병은 절대 낫지 않는 병이다'라는 심리적 역전이 생겼다.
- '이렇게 아파서 고생하고 자식들 걱정시키느니 여든에 죽자'라는 신념이 형성되었다.

이분에 대한 치료 경과를 설명하면 다음과 같다. 처음 몇 회 동안은 EFT로 부정적 기억을 지우는 데에 치중하였다. 우선 첫날에는 열여덟 살 때 고구마를 먹고 심하게 체한 이후로 소화불량이 생겼다는 말을 듣고 영화관 기법으로 이 기억을 지웠고 고통 지수가 10에서 0으로 변화하였다. 그 뒤 과거에 가장 두렵고 무서웠던 기억을 찾아보니, 다음과 같은 것들이 나와서 영화관 기법으로 지워주었다.

— 6·25 전쟁 때 피난 가면서 혼자만 떨어져서 엄마와 헤어졌던 충격
— 이후 5년간 엄마와 헤어져 입양 시설에 수용된 충격

이렇게 몇 회를 치료한 다음에는 확언의 '상상하기' 기법을 활용하였고 그 결과는 다음과 같았다.

상상으로 오한 해결

가장 따뜻하게 느꼈던 때를 물으니 찜질방에 갔을 때를 말씀하셨다. 타점을 두드리면서 찜질방에서 사우나 하던 장면을 생생하게 상상시키니, 5분쯤 지나자 추위가 사라지고 온몸이 후끈하다고 놀라워하셨다.

상상으로 소화불량 해결

가장 시원하게 내려가는 것이 무엇인 것 같은지 물으니 뒷산의 개울물을 말씀하셨다. 그래서 비 올 때 뒷산 개울물이 콸콸콸 후련하게 내려가는 모습을 상상시키고, 더불어 맷돌로 도토리나 콩을 순식간에 갈아서 가루로 만드는 모습을 상상시켰다. 이때 상상에 잘 빠지도록 타점을 다 두드려주었다. 갑자기 배에서 꾸르륵 소리가 나면서 꽉 막혀 있던 배가 시원해졌다.

상상으로 두통 해결

머리가 가장 시원했던 때를 물어보니 동해 바다에 갔을 때라고 답하셔서 그때를 상상하게 하고 두드렸더니 몇 분 지나자 지끈지끈하던 머리가 시원해졌다.

상상으로 무기력증 해결

가장 힘센 사람하면 누가 생각나는지를 물어보니 텔레비전에서 본 고릴라 같은 흑인 레슬링 선수를 말씀하셨다. 이에 '이 선수가 한 팔로 다른 선수의 멱살을 잡고 집어던지는 모습'을 상상하게 하면서 타점을 같이 두드렸더니 몇 분 지나자 땀이 나면서 몸에 힘이 난다고 하셨다.

이렇게 EFT와 확언의 상상을 활용하여 4주간 8회 치료한 결과는 놀라웠다.

- 8회에 걸쳐 치료를 받은 결과 상기 증상은 모두 소실되었고, 한 달이 지난 뒤에도 회복 상태가 유지되었다.
- 상기의 제한적 신념도 사라져서 "일찍 죽어야지"라는 상투어를 그만두고 이제는 "백 살 넘어서까지 건강하게 잘 살 수 있다"는 긍정적 확언을 신념으로 갖게 되었다.
- 만성적으로 근심 걱정하는 성격에서 '내 몸은 내 말을 듣고, 모든 문제는 내 마음으로 해결할 수 있다'는 긍정적이고 낙천적인 성격으로 변화하였다.

이제 독자 여러분들이 건강해지는 상상을 해볼 차례이다. 아래의 글을 읽고 음미하며 타점을 같이 두드리면서 상상으로 빠져보라.

실습 **내 몸이 백 퍼센트 건강하다고 상상하라.**

마치 막 잡아서 펄떡거리는 돔이나 참치처럼 온몸에 활력과 건강이 넘치는 상태를 상상하라. 내가 참치나 돔이 되어 펄떡이고 파도를 헤치고 다니는 것을 상상해도 좋고, 과거에 내가 가장 활력이 넘쳐서 산과 바다를 헤집고 다니던 때를 상상해도 좋다.

이제 내 몸의 불편한 곳에 의식을 집중하라. 만일 어깨가 아파서 잘 돌아가지 않는다면, 어깨에 혈액 순환이 잘되고, 통증이 연기처럼 피어나서 다 빠져나가고, 팔이 완전히 부드럽게 돌아가는 것을 상상하라. 이렇게 생생하게 상상하면서 그동안 나를 위해 힘써준 내 온몸에 감사를 표하라.

"나의 인생이 보람찰 수 있게 밑거름이 되어준 나의 몸과 어깨에 감사합니다."

충분히 감사를 표하고 이제 "나의 어깨는 편안하고 기름칠을 한 듯 부드럽게 돌아간다"고 확언하라. 마지막으로 어깨가 나을 때까지 매일 여러 번 이 과정을 반복하라.

05

아이들과 마음의 문 열기

아이들에게 확언을 가르치는 것은 부모가 줄 수 있는 가장 큰 선물이다. 사람은 모두 나이가 들면서 부정적인 생각과 제한적인 신념에 의해 마음이 조건화된다. 아이들에게 확언을 들려주고 가르침으로써 아이들의 마음을 재조건화하여 아이들을 긍정적으로 격려하고 아이들의 자존감과 자신감을 높일 수 있다.

아이들이 작은 일부터 스스로 결정하여 경험하게 하라. 예를 들어 매일 어떤 바지나 셔츠를 입을 것인지 스스로 선택하게 하라. 이런 경험들을 바탕으로 아이들이 성장하면서 더 큰 결정들을 쉽고 현명하게 해낼 것이다. 아이들에게 자주 확언을 들려주라. 아이들의 내부 대화는 주변 사람, 특히 부모의 말을 재료로 만들어진다. 아이들은 마치 마른 스펀지처럼 부모를 비롯한 타인의 말, 행동, 느낌, 믿음을 빨아들이고 복사기처럼 모방하고 이것들을 내면화시킨다.

아이들이 칭찬과 격려의 말을 들으면 스스로를 칭찬하고 사랑하고 존중하는 법을 배운다. 반대로 아이들이 비난과 비판을 들으면 수치심과 무가치함을 느끼고 스스로를 비난하게 된다. 아이들이 가진 긍정적 자질과 개성을 찾아서 격려하라. 이와 함께 모든 부모가 확언과 EFT를 통해 가르치고자 하는 것의 모델이 되는 것이 중요하다.

아이들은 부모의 말이 아니라 부모의 감정과 행동을 따른다. 따라서 부모들은 단순히 좋은 말을 하는 데 그칠 것이 아니라, 좋은 행동과 감정을 직접 보여주어야 한다.

사례1) 간질과 ADHD, 발달 장애가 있는 아홉 살 아이

아홉 살 아이의 엄마가 수심이 가득한 얼굴로 필자의 한의원에 내원했다. 환자는 아홉 살의 남자아이로 세 살 때부터 간질 발작이 생겨서 간질약을 계속 먹고 있다고 하였다. 실제 간질 발작이 발생한 것은 다섯 번 정도밖에 안 되지만 간질이 재발할까봐 계속 양약을 먹고 있었다.

아이는 항상 불안해하면서, 모든 일에 집중을 못하고 감정 조절이 잘 안 되어, 마음에 안 들면 두 살이나 어리고 덩치도 훨씬 작은 여동생을 마구 때리기도 했다. 이외에도 이 아이는 발달 장애 증상이 있어서, 신체적인 발육도는 정상이나 학습 능력은 또래보다 많이 떨어지고, ADHD 증상도 있어서 친구를 잘 때리고 괴롭히며 수시로 소리를 질렀다.

이 아이에게 적용한 치료법은 다음과 같았다.

1. 엄마에 대한 교육

초진 시에 관찰한 바로는 엄마가 아이 때문에 항상 불안하고, 자신감이 없으며, 인생에 대한 비관적인 생각이 너무나 많았다. 그래서 엄마에게 '긍정 심리'의 중요성을 설명하면서 '아이의 감정은 항상 엄

마를 그대로 따르므로 행복한 엄마는 행복한 아이를 만들고 불안한 엄마는 불안한 아이를 만든다'는 것을 잘 설명하였다. 이에 대한 개선책으로 EFT를 교육하고 긍정 심리를 가르치는 책들을 매일 읽으라고 했다.

2. 아이에 대한 치료

아이가 갖고 있는 부정적 감정들을 양상을 고려하여, EFT를 적용하면서 긍정적인 확언이 습관이 되도록 지속적으로 가르쳤다. 주로 사용한 긍정확언들은 다음과 같다.

"나는 멋지다."
"나는 할 수 있다."
"나는 행복하고 편안하다."
"나는 용감하고 씩씩한 소방관이다(아이가 소방관을 좋아하므로)."

이런 확언들을 계속 크게 말하게 하고, 엄마가 보는 앞에서도 해보게 하였더니, 일주일 만에 이러한 확언이 습관이 되었다. 이렇게 4주간 치료한 결과는 놀라웠다. 아이는 불안감이 사라지고 자신감이 생겼으며, 친구들과 동생을 때리지 않고, 담임선생님도 아이의 변화에 칭찬을 하게 되었다. 더불어 엄마도 항상 수심이 가득하던 얼굴이 밝아지고 아이의 미래에 희망을 갖게 되었다.

사례2) 두 달 이상 등교를 거부하는 여중생

처음에는 발표 불안으로 찾아온 여중생을 2회 상담했는데, 2회 상담 후 갑자기 심사가 뒤틀려 상담하지 않겠다고 선언하고 진료를 거부하였다. 그래서 어머니와 상담을 해보니, 이 학생은 고집이 너무 세고, 한번 수틀리면 함부로 엄마, 아빠 앞에서도 상욕을 해대어서, 죽으라고 매를 대고 바로잡으려고 해도 절대로 말을 듣지 않는다고 하였다. 내원 당시에는 갑자기 등교를 거부하면서 두 달 이상 집에서 노는 상태였다.

어머니와의 면담에서 딸에 대해 물으니 "딸이 너무나도 이기적이고 말도 안 듣고 고집 세고, 도대체 예의도 없다"고 분노에 찬 넋두리를 했다. 그러다 동생인 아들은 성격이 어떠냐고 물으니, "아들은 엄마, 아빠를 이해할 줄도 알고, 공부도 열심히 하고 아주 착하다"고 편안하게 말을 했다. 이 순간 필자의 직관으로 딸이 이런 부모에 대해서 서운함을 느끼겠다는 생각이 들었다. 그래서 이에 관해 물었더니 예상대로 딸은 자신의 못된 성격은 생각하지 않고, 엄마와 아빠가 자신을 사랑하지 않고 자기들 - 부모와 동생 - 끼리만 어울린다고 생각하고 있음이 일기장에 적혀 있었다고 했다. 그래서 이 어머니에게 다음 몇 가지의 관점을 이해시켰다.

1. '딸이 이기적이고 못됐다'는 벽글씨를 버리게 했다.

딸이 기본적으로 평균보다 못한 성격을 갖고 있지만, 그것 때문에 아들과 비교하며 딸과 계속 다투다 보면, 문제가 더욱 꼬인다는 것을 설명하였다. 그리고 다음과 같은 대화를 하였다.

"선천성 장애로 못 걷는 아이에게 '다른 애들은 잘 걷는데 왜 너는 못 걷니?'라고 하면서 화내실 수 있나요?"

"당연히 하면 안 되죠. 오히려 달래주고 위로해줘야죠."

"좋습니다. 다리에 선천성 장애가 있는 아이는 오히려 눈으로 확인할 수 있지만, 마음에 선천성 장애가 있는 아이도 있습니다. 따님은 마음이 선천적으로 좀 못났습니다. 그런데 엄마가 '너는 왜 그 모양이냐?'고 계속 다그치고 있습니다. 어떻게 생각하세요?"

"정말 그렇군요. 착한 동생하고 비교하니까 항상 화가 났는데, 이제는 그냥 마음이 좀 불편한 아이라고 생각하겠습니다."

이후에 아이의 특수성을 그냥 있는 그대로 받아들이자, 어머니는 아이의 어이없는 모든 감정적 행동에 대해 과거처럼 분노를 표출하지 않게 되었다. 그저 물이 바위를 피해 돌아가듯 상대하지 않게 되었고, 그만큼 두 사람의 감정 대결도 사라졌다. 그 결과 아이는 가족들에 대한 맹목적인 분노가 사라지면서 가족들을 이해하고 받아들이게 되었다.

2. '딸이 계속 좋아진다'는 확언으로 긍정적인 기대를 갖게 했다.

몇 년째 변화가 없어 힘들어하는 어머니에게 지금 딸이 이 상태라고 해서, 계속 걱정만 하면 결코 딸이 변화할 수가 없음을 설명했다. 아이 자체는 현재 상태에서 성격적으로 스스로 변화할 원동력이 없으므로, 부모의 긍정적인 기대만이 딸이 변화할 수 있는 원동력 ─ 피그말리온 효과 ─ 이 된다고 설명하였다. "잘한다, 잘한다"고 하면 진짜 잘하게 되듯 "좋아진다, 좋아진다" 하다 보면 어쨌든 좋아지는 것이라고 설명했더니, 부모님도 잘 따라주었다.

3. 조언은 하되 스스로 결정하여 경험하게 하라.

딸이 무슨 결정을 하든, 부모가 적절한 조언을 하되 대신 결정해주지는 말게 하였다. 그래서 등교 거부에 관해서도 최악의 상황이 되어 유급되더라도, 부모가 결론을 고집하지 말고 철저히 딸의 의견에 따르게 하였다. 그래서 이 과정을 통해서 딸이 스스로 선택한 것은 스스로 책임을 져야 한다는 것을 경험하도록 하게 하였다. 그 결과 다음 상담에 어머니가 이런 말을 하였다.

"아이가 오래된 고구마로 맛탕을 만들겠다는 거예요. 평소 같으면 말렸을 텐데, 선생님 말씀대로 '내가 보기에는 그걸로 만들면 맛이 없으니, 신선한 고구마로 하는 것이 나을 것 같은데, 어떻게 생각하니?'라고 물었는데, 그냥 만들겠다고 고집을 부려서, 내버려뒀어요. 좀 이따가 만든 것을 먹어봤는데 영 맛이 없었어요. 그랬더니 걔가 '에이, 그냥 엄마 말을 들을걸' 하고 말했어요. 이후로도 이런 식으로 했더니 다툼도 없고 제 말을 듣게 되었어요."

이렇게 세 가지 지침을 부모님이 잘 따르자 그 결과는 상당했다. 부모 상담 2회만에 딸과 엄마의 다툼이 크게 줄어들었고, 딸에 대한 어머니의 분노와 원망도 거의 사라졌다. 못마땅하던 딸의 모든 결정에 부모가 개입하는 대신, 다 스스로 결정하여 경험하게 함으로써, 불과 한 달 정도 만에 완강히 학교를 거부하던 딸이 학교에 가고 싶다고 부모에게 말하게 되었다.

필자가 아이를 변화시키기 위해 부모님들에게 항상 강조하는 세 가지는 다음과 같다.

첫째, 모든 비판과 판단의 벽글씨를 내려놓고 아이를 있는 그대로 받아들여라.

둘째, 어떤 상황과 조건에서도 긍정적이고 낙관적인 기대를 갖고 아이를 보라.

셋째, 조언은 하되 결정은 스스로 하게 하라.

이 세 가지는 어떤 아이라도 좋아지게 만드는 마법의 전략이다.

06

정신적 자유와 성장의 문 열기

개리 크레이그가 13년간 연구했다는 《기적 수업》(A Course In Miracles) 이라는 책에는 다음과 같은 구절이 있다.

「하느님의 교사 – 기적 수업의 가르침을 이해한 사람들 – 들은 세상을 신뢰한다. 그들은 이 세상이 세상이 만든 법에 지배되지 않는다는 것을 알기 때문이다. 이 세상 안에 존재하지만 세상의 것이 아닌 근원적인 힘이 지배한다. 바로 이 힘이 만물을 안전하게 지켜주는 근원이다.(The teachers of God have trust in the world, because they have learned it is not governed by the laws the world made up. It is governed by a Power. That is in them but not of them. It is this Power That keeps all things safe.)」

우리는 상식과 오감에 비친 것을 실재라고 생각하고 이 세상에 투사한다. 먼저 상식에 대해서 생각해보자. 돈이 없어서, 학벌이 부족해서, 조건이 이래서 등의 생각으로 혹 자신을 괴롭히거나 두려워하지 않는가? 지금 여러분의 심장 박동을 한번 느껴보라. 이 심장이 잘 뛰고 있다는 것이 신기하지 않은가? 언제 심장이 멈출지 문득 두려움이 들지 않는가? 필자는 어렸을 때에 눈병에 걸리고 나서, 갑자기 보지 못하게 되면 어쩌나 하는 두려움이 밀려와서 힘든 적이 있었다. 돈, 직장, 집보다 심장이 중요하다는 것을 알게 되면 심장이 언제 멈출지 두려워하고 걱정해야 하지 않을까?

하지만 나의 심장은 대체로 내 머릿속에 공포 영화를 상영하지 않는 한, 안전하게 믿음직하게 잘 뛰고 있다. 바로 이것이 하느님이 보증하는 평화이자 안전보장이다. 이 세상 어떠한 것도 나의 욕심으로 안전을 보장받을 수 없다. 이 세상이 안정, 안전, 평화, 행복, 사랑 그 자체라는 것을 그냥 느껴라. 걱정하기로 작정한다면, 세상의 일이란 그중에서도 정말 새 발의 피에 불과하다는 것을 알게 될 것이다.

오감의 세상은 어떤가? 내 눈에 보이고 만져지는데 정말 이것들이 진실이 아닐까? 지금 내 앞에 있는 책을 파리가 본다면 어떻게 보일까? 파리의 눈에는 사물이 마치 모자이크처럼 보인다고 한다. 필자의 환자 중에 코란도차에 크게 받친 분이 있었다. 이분은 코란도를 보기만 하면 가슴이 쿵쾅거리고 식은땀을 흘렸다. 하지만 나는 코란도에 무관심해서 아무 느낌이 없고, 코란도 팬카페 회원인 어떤 분은 차를 보면 몇 년 식인지부터 궁금해한다. 과연 보이는 모든 것이 그 자체로 진실일까?

개의 청각 영역은 사람보다 훨씬 넓은 범위를 듣고 몇 킬로미터 밖의 작은 소리까지 감별한다. 파리와 벌은 비슷한 높이로 날아다니지만 파리는 똥만 찾고 벌은 꽃만 찾는다. 이렇게 한 세상에 존재하지만 사람과 개와 벌과 파리의 세상은 모두 다르다. 사람들 사이에서는 이런 차이가 없을까?

어느 날 필자의 한의원에 자폐 아이가 왔다. 나는 그 아이를 보면서 너무 불쌍하다는 생각이 들었고, 이 아이를 평생 돌봐야 하는 아이의 엄마도 정말 힘들겠다고 생각하면서 아이의 엄마를 보았다. 그런데 당황스럽게도 엄마는 여느 아이 엄마처럼 자신의 아이가 예쁘다고 느낄 뿐 힘들거나 슬픈 느낌이 조금도 없었다. 동일한 아이를 보는데 그 엄마는 행복해하고 나는 불쌍하다고 느꼈다. 그렇다면 이 불쌍함은 나의 것인가, 아니면 아이 엄마의 것인가?

보아도 보이지 않는다.
들어도 들리지 않는다.
잡아도 잡히지 않는다.

어느 날 손님을 만나 식당에서 저녁을 먹고 나서다가 노을이 너무 아름다워서 그분과 약간의 대화를 나눴다.

"저 하늘 좀 보세요. 하늘이 너무 아름답습니다."
"어제도 봤어요. 매일 보니 똑같아요."
"어제의 생각을 보지 말고 그냥 하늘을 보세요."

각자의 벽에 쓰인 낙서들이 또 다른 벽의 낙서에게 말을 건다. 이것이 우리가 '대화'라고 부르는 것의 정체다. 만일 우리가 이 낙서들을 모두 지워버리면 무엇이 남을까? 좋은 질문이다. 영혼, 사랑, 깨달음? 뭔가 좋은 느낌이 든다. 만일 우리가 두려움, 증오, 죄책감, 트라우마, 학대와 같은 부정적인 벽글씨를 모두 지운다면 어떻게 될까? 우리가 두려움의 벽글씨를 모두 지우고 '내 몸이 나'라는 인식의 한계를 넘어, 하나의 파도가 각각의 파도를 넘어 모든 파도를 만들어내는 바다를 인식하듯, 이 모든 것을 지어내는 '더 큰 존재'를 인식하는 데에 이르면 어떻게 될까? 과거의 모든 성인이 이야기하던 '궁극의 자유와 평화'에 도달하는 것일까?

필자가 오랫동안 연구하고 있는 〈장자〉에는 이런 이야기가 있다.

"한 사람이 마차를 타고 가다가 떨어져서 크게 다쳤다. 그러다 얼마간의 시간이 지나 술에 취해 마차를 타고 가다가 다시 떨어졌는데 이번에는 전혀 다치지 않았다. 술에 취해도 이렇게 생명을 보존하거늘 만일 '도'에 취한다면 어떻게 되겠는가!"

지금까지 논의한 내용을 다음과 같이 정리할 수 있다.

– 내가 보는 어떤 것도 그 자체로는 의미가 없다.
– 나는 내가 보는 모든 것에 그것이 지닌 의미를 부여하였다.
– 그리고 그 의미는 모두 나의 과거를 반영한다.
– 결국 나는 과거를 보고 있다.
– 우리를 구분하는 모든 벽글씨를 지울 때 우리는 세상의 근원에 더 다가간다.
– 즉, 벽글씨가 사라지는 만큼 우리는 더 안전하고 행복하고 건강하고 성공한다.

이제 벽글씨에 대한 이야기로 마무리해보자. 우리가 가진 벽글씨가 모두 허구이기는 하지만, 그럼에도 누구에게나 '보편적인 궁극의 진실 –

벽글씨가 지워지면 나타나는 존재의 근원'이 있다. '가능성'의 교훈을 정리하면 다음과 같이 말할 수 있다. 먼저 벽글씨를 인식하고, 벽글씨의 원천을 알고, 우리의 현실에 대한 지각과 인식이 모두 왜곡되었음을 이해하고, 이제 이들의 방에서 벗어나는 것이다.

벽글씨가 사라진 궁전에 산다는 것은 그 얼마나 황홀한 일인가! 아무런 선입견도, 잘못된 믿음이나 제한적인 생각도, 현재를 가리는 과거 기억의 먹구름도 없는 순수한 가능성의 궁전. 이런 상태가 현재 우리의 능력 밖에 있는 것 같지만, 우리의 의식은 계속 진화하기 때문에 조만간에 나와 모든 사람이 이 단계로 진입하게 될 수도 있을 것이다.

그렇게 되면 우리는 그저 우리 모습 그대로 인생과 세상과 사람들을 직접적으로 자유롭고 깨끗하고 개방적으로 경험할 수 있을 것이다. 그래서 가능성은 고정된 구조가 아니라, 좀 더 유동적이고 확장 가능한 아름다운 곳이 되어, 마치 레고 블럭으로 모형을 조립하듯 우리가 원하는 대로 만들어지는 것이다. 에버랜드나 디즈니랜드보다 더 즐거운 재미와 모험의 동산이 되지 않겠는가! 이곳에서는 우리가 바라는 인생과 우리가 바라는 세상을 계속 창조할 수 있다. 정말 흥분되고 즐겁지 않은가!

필자는 2008년 5월에 10회 에너지사이칼러지 학회(10th energy psychology conference)에 참석하고 개리 크레이그를 만나러 미국의 뉴멕시코주에 갔다. 세계 4대 종교 중 불교, 기독교, 회교가 사막의 종교다. 그래서 나는 옛날부터 무척이나 사막에 가보고 싶었고, 사막에 가면 옛 성자들처럼 뭔가 중요한 것을 경험할 수 있을 것 같았다. 그런데 마침 뉴멕시코가 서부 영화에 흔히 보던, 바람과 모래와 언덕만이 이어지는 사막이 아닌가!

나는 비행기로 세 시간을 날아도 끝없이 이어지는 사막에서 여드레를 보냈고, 하루는 차를 빌려 사막의 한가운데를 질주하다 차에서 내려 주위를 조망하는 순간 온몸에 전율과 감동, 영감이 관통함을 느꼈다. 사막에서는 붙잡을 것도 영원한 것도 불변하는 것도 없었다. 이 영원토록 무상無常한 모래와 바람 앞에서 내가 그토록 붙잡고 있었던 모든 벽글씨가 사라지고, 심지어는 '나'라는 생각마저 모두 사라져서, 그저 이 사막의 일부분인 바람과 모래로 녹아들어 같이 춤추는 느낌만이 들었다. 내가 당장 죽는다 하더라도 아무런 여한이나 아쉬움이 생길 것 같지 않았다. 나는 그저 이 광대한 사막의 변화무쌍한 바람과 모래의 일부분이니까!

나는 뉴멕시코에서 개리 크레이그를 만났을 뿐만 아니라 영원히 잊지 못할 사막도 만났다. 가장 큰 교과서이자 스승은 역시 자연이다. 나는 이 순간을 영원히 기념하기 위해 아래의 한시를 지었다. 사막에서 이 시의 모티브를 떠올리는 순간 나는 평생 이 느낌을 반추하며 삶의 고비를 넘어갈 것이라는 직감이 들었다. 기독교와 회교, 불교는 사막의 종교다. 사막에 가면 우리도 붓다나 예수, 마호메트가 된다.

沙漠懸解　　사막에서 삶의 끄달림을 벗다

一望無碍　　보는 곳마다 거침이 없고,
沙陵無窮　　모래 언덕은 다함이 없다.
飄風無迹　　거친 바람에 자취 하나 남지 않으니,
所執無一　　어느 하나도 붙잡을 것이 없어라.
死生無我　　죽고 남에 '나'랄 것이 무에 있으랴!

필자가 비행기에서 찍은 사진으로 세 시간의 비행 동안 이런 사막이 끝도 없이 이어졌다.

현존하기(here and now)

연속 두드리기나 손날점 두드리기를 하면서 다음 문장을 읽어보자.

나는 오직 과거만을 본다.

따라서 우리가 보는 어떤 것도 의미가 없다.

따라서 우리가 보는 모든 것에 우리의 의미를 부여하였다.

따라서 우리는 우리가 보는 것을 이해하지 못한다.

따라서 우리의 생각은 무의미하며 우리가 보는 그대로일 뿐이다.

따라서 우리는 우리의 생각 때문에 고통스럽다.

따라서 우리는 실상 존재하지 않는 것을 보고 고통스러워한다.

믿기 어렵겠지만 이것이 우리가 세상을 인식하는 방식이자 진실이다.

이제 주위의 사물들로 실습해보자. 물론 이때도 두드리기를 같이 하는 것이 좋다.

나는 이 연필에서 오직 과거를 본다.

나는 이 신발에서 오직 과거를 본다.

나는 이 손에서 오직 과거를 본다.

나는 이 육신에서 오직 과거를 본다.

나는 이 얼굴에서 오직 과거를 본다.

나는 이 사람에게서 오직 과거를 본다.

나는 이 사건에서 오직 과거를 본다.

(주위의 모든 사물에 적용해보라. 이하 마찬가지.)

잠시 호흡을 가다듬고 쉰 후에 다음 문장을 타점을 두드리면서 읽어보자.

나의 마음은 과거의 생각에 사로잡혀 있다. 따라서 우리는 오직 과거만을 볼 뿐이다. 그 누구도 현재를 있는 그대로 보지 못한다. 우리는 우리의 생각이 밖으로 투사된 것을 볼 뿐이다. 마음이 과거에 사로잡혀 있으므로, 시간에 대한 잘못된 관념이 생겨, 우리는 진실을 보지 못한다. 우리의 마음은 현재를 보지 못한다. 오직 현재만이 존재할 뿐인데도. 그래서 마음은 결코 시간을 이해할 수 없고, 그 결과 사실상 어떤 것도 이해할 수 없다.

다시 타점을 두드리면서 다음 문장을 실습해보자.

나는 이 연필에서 오직 과거의 생각을 본다.
나는 이 신발에서 오직 과거의 생각을 본다.
나는 이 손에서 오직 과거의 생각을 본다.
나는 이 육신에서 오직 과거의 생각을 본다.
나는 이 얼굴에서 오직 과거의 생각을 본다.
나는 이 사람에게서 오직 과거의 생각을 본다.
나는 이 사건에서 오직 과거의 생각을 본다.

나는 이 연필에 대한 과거의 생각을 내려놓는다.
나는 이 신발에 대한 과거의 생각을 내려놓는다.
나는 이 손에 대한 과거의 생각을 내려놓는다.
나는 이 육신에 대한 과거의 생각을 내려놓는다.

나는 이 얼굴에 대한 과거의 생각을 내려놓는다.

나는 이 사람에 대한 과거의 생각을 내려놓는다.

나는 이 사건에 대한 과거의 생각을 내려놓는다.

나는 이 연필에서 오직 현재를 본다.

나는 이 신발에서 오직 현재를 본다.

나는 이 손에서 오직 현재를 본다.

나는 이 육신에서 오직 현재를 본다.

나는 이 얼굴에서 오직 현재를 본다.

나는 이 사람에게서 오직 현재를 본다.

나는 이 사건에서 오직 현재를 본다.

나는 이 연필을 있는 그대로 본다.

나는 이 신발을 있는 그대로 본다.

나는 이 손을 있는 그대로 본다.

나는 이 육신을 있는 그대로 본다.

나는 이 얼굴을 있는 그대로 본다.

나는 이 사람을 있는 그대로 본다.

나는 이 사건을 있는 그대로 본다.

내가 온 세상을 그저 있는 그대로 볼 때, 모든 것은 아름답고 평화롭고 행복하다.

내가 온 세상을 그저 있는 그대로 볼 때, 모든 것은 편안하고 고요하고 약동한다.

내가 온 세상을 그저 있는 그대로 볼 때, 모든 것은 찰나이고 영원이고 무한하다.

자, 이제 1회전의 실습이 끝났다. 필요하다면 이상의 과정을 수시로 반복하는 것이 좋다. 특히 나를 힘들게 하는 사람과 사건이 있을 때마다 더 많이 적용해보라.

PART 6

아무 때나
펼치고 따라 하는
확언 백과

01

– 나는 쉽고 즐겁게 습관적으로 확언을 한다.

– 나는 진심으로 확언을 즐긴다.

– 확언은 내 인생의 중요한 부분이다.

– 확언은 중력과 같아서 백 퍼센트 효과를 발휘한다.

– 나는 부정적인 생각이 들 때마다 확언으로 대체한다.

– 나에게 확언은 좋은 습관이다.

– 된다고 생각하면 길이 보이고, 안 된다고 생각하면 장애물만 보인다.

– 확언은 가장 적당한 때에 가장 적당한 방법으로 실현된다. 게다가
  늦어질수록 대박이 난다.

– 마음은 밭이고 생각은 씨앗이다. 어떤 씨앗이든 밭은 다 키워준다.

– 믿는 대로 경험한다.

– 의식이 경험을 창조한다.

– 발생한 일보다는 그 일에 대한 나의 반응이 결과를 바꾼다.

– 습관에 따라 반응하지 말고 확언으로 의도적으로 창조하라.

– 지금 나의 생각대로 미래가 만들어지고 있다.

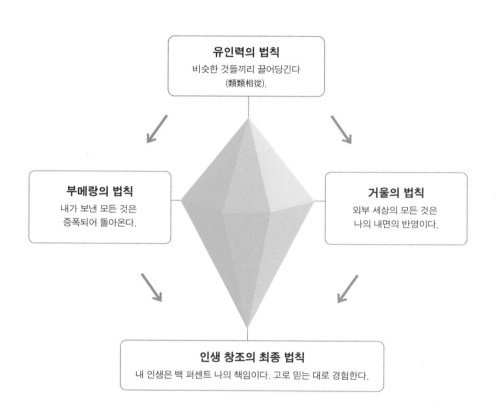

인생 창조의 원리

– 나의 현재는 과거의 상상이 맺은 결과이고 지금 나의 상상이 바뀌면 미래가 바뀐다.

– 생각이 에너지다.

– 생각대로 하면 다 된다.

– 나는 무한히 증폭되는 긍정적인 생각을 한다.

– 나는 원하지 않는 것이 아니라 원하는 것을 생각하는 데 시간을 보낸다.

• 왜 내가 하는 확언은 백 퍼센트 모두 쉽게 실현되지?

• 왜 나는 확언만 하면 금세 다 실현되어 버리지?

• 왜 나는 습관적으로 확언을 즐기지?

• 왜 나는 항상 긍정적인 생각만 하지?

• 왜 나는 항상 된다고 생각하지?

• 왜 나는 항상 원하는 것에만 생각을 집중하지?

• 왜 나의 확언에는 꼬리말이 안 생기지?

02

경제적 풍요를 위한 확언

- 나의 신념이 내 현실을 창조한다. 나는 무제한의 번영을 믿는다.
- 나는 내 삶의 곳곳에 있는 풍요를 누릴 자격이 있다.
- 나는 번영과 풍요를 내 삶 속으로 받아들인다.
- 내 삶의 곳곳에 풍요로움이 있다.
- 나는 원하는 것을 쉽고 편하게 창조한다.
- 나는 줄 때와 받을 때를 안다.
- 나의 내면의 깊은 지혜는 필요한 모든 것을 완벽한 때에 완벽한 방법으로 가져다준다.
- 나는 성공과 번영을 이야기한다. 내 말은 다른 사람들을 고양하고 격려해준다.
- 내가 사랑하는 일을 할 때, 돈과 풍요는 나에게 자유로이 흐른다.
- 나는 풍요로운 삶을 선택한다.
- 나는 모든 것이 완벽한 때에 완벽한 방식으로 온다는 사실을 알고 내맡긴다.
- 나는 기쁨과 삶의 활기와 자기애를 통해서 돈과 풍요를 창조한다.

– 나는 내가 원하는 바를 갖도록 내맡긴다.

– 나는 풍요를 누릴 자격이 있다. 나는 지금 풍요롭다.

– 나는 풍요로운 세상에 살고 있다. 내 우주에서 모든 것은 완벽하다.

– 내가 원하는 길을 걸을 때 나는 풍요로워진다.

– 나는 원하는 것을 힘차게 창조한다. 좋은 것들이 쉽게 내게 온다.

– 돈의 강물이 내 삶 속으로 흐른다. 나는 부유하다.

– 나는 항상 나가는 돈보다 들어오는 돈이 더 많다.

– 모든 나의 돈은 나에게 풍요와 기쁨과 생기를 만들어준다.

– 나의 저축은 더 많은 돈을 끌어들이는 자석이다.

– 나의 풍요가 다른 이들을 부유하게 한다.

– 풍요를 창조하는 내 능력에 모든 것을 맡기고 믿는다.

– 내 마음에는 나와 다른 이들이 누리는 풍요로움의 이미지가 가득하다.

– 내 돈은 나와 타인을 위한 선행의 바탕이다.

– 나는 돈이 출렁이는 바다에서 산다. 나는 부유하다.

– 나는 다른 이들에게 그들이 부유해지고 있다는 생각을 보낸다.

– 나는 항상 기쁘게 돈을 쓰고 이 돈은 두 배로 다시 돌아온다.

• 왜 나는 항상 경제적으로 풍요롭지?

• 왜 나는 섭리에 따라 항상 모든 것은 충분하다고 여기지?

• 왜 나의 신용도가 이렇게 좋지?

• 왜 돈은 물질이 아니라 마음 상태의 표현이지?

• 왜 나는 바라는 대로 경제적인 풍요를 누릴 방법들을 실천하지?

• 왜 나는 가치가 있고 그만큼의 대접을 받지?

- 왜 돈은 나에게 이렇게 쉽게 몰리지?

- 왜 내 통장 잔고는 항상 넘치지?

- 왜 나는 흑자 가계를 꾸리지?

- 왜 나의 소득은 항상 나의 소비를 초과하지?

- 왜 나의 투자는 항상 대박이 나지?

- 왜 나는 투자하고 기부하고 소비하는 것이 항상 균형이 맞지?

- 왜 나는 경제적으로나 정신적으로나 모두 균형 있게 성장할까?

- 왜 나는 행복하고 나누고 배려하면서도 항상 돈을 끌어당길까?

- 왜 나는 나의 막대한 부를 통해 타인에게 큰 이익을 주는 일을 즐기고 좋아하지?

- 왜 나는 돈도 막대하게 많고 영적으로도 온전히 깨어 있지?

- 왜 나는 부유함을 선뜻 받아들이고 즐겁게 기부하지?

- 왜 나는 아내(남편)에게 돈 얘기를 하는 것이 이렇게 쉽지?

- 왜 내가 쓴 돈은 항상 두 배가 되어 나에게 돌아오지?

- 왜 나는 이 세상이 항상 필요한 것을 줄 것이라는 것을 믿지?

- 왜 나는 감사히 요구하고 충분히 받지?

- 왜 내게 풍요가 끌려오지?

- 왜 돈은 항상 나와 함께하려고 하지?

03

건강을 위한 확언

- 내 눈이 점점 잘 보이고 있다.
- 나는 쉽고 편하게 잘 걷는다.
- 나의 허리는 30인치가 되어가고 있다.
- 온몸에서 활력과 에너지가 넘친다.
- 나는 먹어도 먹어도 날씬하다.
- 나는 건강식을 맛있고 즐겁게 먹는다.
- 나는 몸에 좋은 것만을 섭취한다.
- 내 허리는 담양의 대나무처럼 튼튼하고 꼿꼿하다.

- 왜 나는 먹어도 먹어도 날씬해지지?
- 왜 나는 나이가 들수록 몸매가 살아나지?
- 나는 왜 이렇게 건강하지?
- 나는 왜 내 건강을 잘 챙기지?
- 왜 나는 온몸에서 건강과 활력이 샘솟지?
- 왜 내 몸의 모든 부분은 이렇게 완벽하게 움직이지?

- 왜 나는 건강식을 잘 챙겨 먹지?
- 왜 나는 이런 완벽한 건강에 대해서 감사드리게 되지?
- 왜 나는 매일 몸과 마음과 영혼의 이런 완벽한 건강함을 누리지?
- 왜 나는 하느님께 나의 건강을 내맡기고 마음 편히 지내지?
- 왜 나는 건강을 위해 꼭 운동을 계획성 있게 하지?
- 왜 내 인생은 이렇게 편안하고 활기 있지?
- 왜 나는 감정적으로 편안하지?
- 왜 나는 나의 몸을 아끼고 사랑하지?
- 왜 나는 이 몸 이대로 행복하고 편안하지?
- 왜 나의 몸은 내 말을 이렇게 잘 듣지?
- 이런 몸을 갖다니 왜 이렇게 나는 운이 좋지?
- 이런 얼굴을 갖다니 왜 이렇게 나는 운이 좋지?
- 왜 나는 내 몸을 항상 사랑스럽게 여기지?
- 왜 나의 몸은 이렇게 훌륭한 자산일까?
- 왜 나는 거울만 보면 좋은 점만 보이지?
- 왜 나는 이렇게 튼튼하지?
- 왜 나의 활력과 정력은 멈출 수 없지?
- 왜 나는 이렇게 건강해서 감사하지?
- 왜 나의 인생은 이렇게 활기 있지?
- 왜 나는 완벽한 몸매를 갖고 있지?
- 왜 나는 매일 마음의 평화와 성취를 누리고 있지?
- 왜 나는 나의 건강을 매일 축하하지?
- 왜 나는 활기찬 인생과 생활 습관에 대해서 이렇게 감사하지?
- 왜 나는 날씬하고 단단하고 건강하고 셀룰라이트가 없지?

04

자신감을 위한 확언

- 나는 내 마음의 지혜에 귀 기울인다.
- 나는 나를 믿는다.
- 힘은 내 안에 있다.
- 나는 내가 원하는 사람이 되고, 원하는 일을 하고, 원하는 것을 얻는다는 사실을 믿는다.
- 나는 언제 어디서나 어쨌건 나를 사랑한다.
- 내가 나를 믿는 만큼 남도 나를 믿는다.
- 내가 나를 사랑하는 만큼 남도 나를 사랑한다.
- 나는 존중받고 사랑받을 가치가 있다.
- 자기애와 자기 믿음이 모든 사랑과 신뢰의 출발점이자 기본이다.
- 사랑은 밖에서 확인되는 것이 아니라 안에서 우러나는 것이다.
- 나는 가치 있는 사람이다. 나의 길은 중요하다.
- 나는 내 영혼의 풍요로움을 알고 있다.
- 나는 내 가치를 안다. 나는 나의 가치를 존중한다.
- 나는 모든 나다움과 내가 가진 모든 것에 애틋한 고마움을 느낀다.

– 나는 내가 필요한 모든 것을 나에게 준다.
– 나는 소중한 사람이다. 나의 길은 중요하다.

- 왜 나는 오늘 나에게 오는 모든 좋은 것을 감사히 받아들이지?
- 왜 나는 타인의 칭찬과 인정을 쉽고 우아하게 받아들이지?
- 왜 사람들이 내게 자석처럼 끌려들지?
- 왜 나는 인생의 장점만을 찾고 보지?
- 왜 나는 이 모습 이대로 행복하고 편안하지?
- 왜 나는 이렇게 현명한 사람들만을 끌어당기지?
- 왜 나는 나다움에 이렇게 편안하지?
- 왜 나는 자질이 넘치고, 넘치도록 많은 것들을 끌어들이지?
- 왜 나는 이렇게 자신감이 넘치지?
- 왜 나는 이렇게 쉽게 나의 존재 가치를 높게 보지?
- 왜 나는 직장에서 이렇게 존경받지?
- 왜 나는 이렇게 고요하지?
- 왜 나는 완벽하지는 않더라도 충분하지?
- 왜 나는 사랑이 많고 유능하지?
- 왜 나는 이렇게 타고난 재능이 많지?
- 왜 나는 항상 시의적절하게 필요한 곳에서 필요한 일을 하고 있지?
- 왜 나는 항상 타인의 기대를 충분히 만족시키지?
- 왜 나는 나 자신을 아끼고 사랑하는 것이 좋지?
- 왜 나는 성공이 안전하게 느껴지지?
- 왜 사람들이 내 곁에 있고 싶어하지?
- 왜 나는 자신감 있게 나의 재능을 세상과 공유하지?

- 왜 사람들이 나를 존중하고 높이 평가하지?
- 왜 하느님은 불완전한 창조를 하지 않지?
- 왜 나는 이렇게 친구와 가족과 동료의 존경을 받지?
- 왜 나는 세상의 근원적 섭리에 모든 것을 맡기고 편안해하지?
- 왜 나는 이렇게 마음이 평정하지?
- 왜 사람들은 내가 목표를 달성하는 것을 돕고 싶어하지?
- 왜 나는 기회를 잘 포착하고 사람들은 나를 밀어주지?
- 왜 나는 내가 바라는 모든 것이 되고 그런 것들을 하고 그런 것들을 갖게 되지?

05

일과 경력을 위한 확언

‑ 나는 내가 좋아하고 잘하는 일을 하면서 경제적 풍요를 누린다.

‑ 나는 효율적이고 행복하고 자신감이 있다.

‑ 나는 상사와 동료로부터 인정받고 사랑받고 승진도 잘 된다.

‑ 나는 동료와 상사들을 존경하고 사랑한다.

‑ 나는 어떤 상황에서도 성공의 기회를 포착한다.

‑ 내 진가와 가치는 내가 하는 모든 일로 인해 점차 높아진다.

‑ 나는 목표를 달성한다.

‑ 나는 세상에 유용한, 아직 발휘하지 못한 기술과 재능을 많이 갖고 있다.

‑ 나는 내가 원하는 것의 본질을 알고 마침내 그것을 얻는다.

‑ 나는 위대한 결과를 만들 곳에 나의 시간과 에너지를 사용한다.

‑ 나는 내가 창조하는 모든 것을 사랑하고 소중히 여긴다.

• 왜 나는 내가 좋아하고 잘하는 일을 하면서 성공하게 되지?

• 왜 나는 적게 일하고 많이 벌게 되지?

- 왜 나는 좋아하는 일을 하면서 충분한 보상을 받게 되지?
- 왜 나의 일은 이렇게 만족스러운 거야?
- 이런 일을 하고 있다니 나는 왜 이렇게 운이 좋지?
- 왜 나는 나 자신을 표현하기를 좋아하고 그렇게 할수록 더 높은 보상을 받지?
- 왜 나는 사람들에게 소중하지?
- 왜 나는 내가 하는 일을 사랑하지?
- 왜 나는 내가 좋아하는 일을 하고 내게 맞는 대가를 요구할 용기가 있지?
- 왜 나는 이렇게 성공하지?
- 왜 나는 내 일에서 이렇게 자신감 있지?
- 왜 나의 계획은 달성 가능성이 이렇게 높지?
- 왜 나는 항상 필요할 때 필요한 일을 하고 있지?
- 왜 기회는 이렇게 쉽게 자주 내게 오는 거지?
- 왜 나는 내게 오는 모든 기회를 충분히 활용하지?
- 왜 나는 이렇게 부유하고 재능이 넘치지?
- 왜 나는 이렇게 많은 것을 갖고 있지?
- 왜 나는 내가 하는 일을 사랑하고 내가 사랑하는 일을 하지?
- 왜 나는 성공을 향한 지름길이 되는 분명한 계획이 보이지?
- 왜 나는 성공을 향한 비전이 이렇게 뚜렷하지?
- 왜 나는 항상 성실하고 일관성 있게 행동하지?
- 왜 나는 자연스럽게 성공하도록 모든 것을 내맡기지?
- 왜 나는 사업상의 위험 속에서도 편안해하지?
- 왜 나는 이렇게 안정적인 일과 직장을 찾았지?

- 왜 사람들은 내가 하는 일을 이렇게 감사해하지?
- 왜 직장에서 나의 재능을 잘 알아보고 잘 보상해주지?
- 왜 나는 꿈꾸던 삶을 살게 되지?

06

사랑과 결혼을 위한 확언

- 나는 내게 딱 맞는 서로를 성장시키는 애인이 있다.
- 나의 애인은 예쁘고 섹시하다.
- 나의 애인은 멋있고 능력 있다.
- 나는 내게 딱 맞는 최상의 배우자를 만난다.
- 결혼은 제약이 아니라 더 큰 성장의 발판이 된다.
- 나와 아내는 서로를 키워준다.
- 결혼으로 우리는 더 풍요롭고 성장하는 삶을 산다.
- 양처를 만나면 행복해지고 악처를 만나면 철학자가 된다. 그러니 어쨌든 결혼하라.

- 왜 나는 항상 사랑받고 인정받지?
- 왜 나는 사랑을 말하고 표현하는 것이 이렇게 쉽지?
- 왜 나는 건강하고 행복하고 나누고 용서하는 관계를 누리지?
- 왜 나의 애정 관계는 이렇게 충만하고 충족하지?
- 왜 나는 필요한 사랑을 얻고 요구하는 것이 쉽지?

- 왜 나는 무조건적으로 사랑하지?

- 왜 나는 기꺼이 또 사랑을 시도하지?

- 왜 그녀(그)가 마침내 나에게 와서 머물게 되었지?

- 왜 나는 모든 사람에게 사랑스러운 거야?

- 왜 사랑은 안전하지?

- 왜 나는 얼마만큼 사랑할지 조건이나 제한을 두지 않지?

- 왜 나는 순수하게 사랑하지?

- 왜 나는 이렇게 열정이 있지?

- 왜 나의 동반자는 이렇게 멋지지?

- 왜 나는 나의 동반자를 이렇게 지지하지?

- 왜 나는 나의 동반자가 잘하고 있는 것을 매일 칭찬해주지?

- 왜 나는 선뜻 쉽게 과거의 상처를 내려놓지?

- 왜 하느님은 내가 사랑에 빠지기를 원하시지?

- 왜 나는 내가 사랑하는 사람을 보호하고 방어하지?

- 왜 우리는 이렇게 열렬하지?

- 왜 내게는 사랑이 이렇게 쉽지?

- 왜 관계 맺는 것이 이렇게 재미있지?

- 왜 나는 배우자의 실수에 너그러운 유머로 부드럽게 넘어가지?

- 왜 나는 배우자가 완벽하기를 기대하지 않지?

- 왜 사랑은 내버려두면 이렇게 쉽게 들어오는 거지?

- 왜 나의 인생은 소설 속의 로맨스 같지?

- 왜 진정한 사랑은 여기 이 순간 이대로 나답게 존재하는 것이지?

- 왜 나는 온전한 사랑을 하지?

- 왜 나는 배우자를 돕고 지지하지?

- 왜 내 배우자는 나를 돕고 지지하지?
- 왜 나는 배우자의 실수를 허용하지?
- 왜 내 배우자는 나의 실수를 허용하지?
- 왜 나는 충분히 사랑하고 사랑받지?
- 왜 이렇게 쉽게 나에게 딱 맞는 애인이 생기지?

07

가족을 위한 확언

- 나는 아이들에게 행복과 자신감의 살아 있는 모델이다.
- 나는 말이 아니라 행동으로 가르친다.
- 나는 아이들을 판단하기보다는 어떤 상황에서도 가능성과 개성을 믿는다.
- 나는 아이들이 직접 경험하면서 성장하는 것을 본다.
- 나는 아이들의 인생 게임에서 선수가 아니라 감독으로서 묵묵히 지켜보고 조언한다.
- 나는 아이들의 인생을 대신 살아주려 하기보다는 직접 경험을 통해 성장하는 것을 본다.
- 나의 아이는 숨겨진 소질과 재능을 갖고 있다.

- 왜 엄마는 이렇게 훌륭하지?
- 왜 아빠는 이렇게 멋지지?
- 왜 형(동생)은 나에게 저렇게 완벽할까?
- 왜 나의 언니(동생)는 나에게 더할 나위 없는 좋은 자매일까?

- 왜 나는 아이들이 실수하더라도 너그럽지?
- 왜 나의 아이들은 나를 있는 그대로 받아들이지?
- 왜 나는 아이들의 학업과 인생을 적극 지지하고 후원하지?
- 왜 부모님이 마침내는 나를 받아들이지?
- 왜 나는 부모님을 사랑하지?
- 왜 나는 부모님이 그때 나보다 더 힘들었다는 것이 이해되지?
- 왜 나는 아이들을 있는 그대로 사랑하고 받아들이지?
- 왜 나는 세상에서 가장 좋은 가족이 있지?
- 왜 나는 아이들을 이렇게 믿고 지지하지?
- 왜 나는 아이들이 실수를 통해 배우게 내버려두지?
- 왜 나의 아이들은 나를 있는 그대로 받아들이고 사랑하지?
- 왜 나는 아이들의 문제를 대신 해결해주려고 하지 않고 느리더라도 스스로 경험해서 발전하여 자립하게 하지?
- 왜 나는 선뜻 기쁘게 아이들을 칭찬하지?
- 왜 나는 아이들이 적어도 하루에 한 번은 좋은 일을 하는 것을 찾아내지?
- 왜 나는 학교생활과 가정생활에서 아이들의 노력을 인정하고 지지하지?
- 왜 나는 마침내 부모님을 이해하고 받아들이지?
- 왜 내 부모님은 마침내 나를 이해하고 받아들이지?
- 왜 나는 우리 아이들에게 이렇게 절대적인 지지를 보내지?
- 왜 나는 아이들을 무조건적으로 지지하지?

08

- 나는 나에게 최고의 친구가 된다.
- 나는 충실하고 정직한 친구다.
- 나는 훌륭하고 충실한 친구들이 많다.
- 나는 친구들의 말을 잘 듣는다.
- 나는 재미있고 쾌활해서 친구가 많다.
- 나는 먼저 좋은 친구가 된다.
- 나는 자석처럼 좋은 친구들을 끌어당긴다.
- 나는 사랑받고 사랑한다.
- 나는 존경받고 존경한다.
- 나는 혼자서도 행복하고 만남 속에서도 행복하다.
- 혼자서 행복한 사람은 다른 사람을 행복하게 한다.
- 행복한 사람은 타인도 행복하게 만든다.
- 내가 먼저 행복하면, 내가 만나는 모든 사람도 행복해지고, 결국 나는 성공하게 된다.
- 내가 남에게 주는 모든 것은 나 자신에 대한 선물이다. 나는 베푸

는 대로 다시 받는다.

- 왜 나는 이렇게 많은 좋은 친구들이 있지?
- 왜 나는 이렇게 선뜻 자주 사랑받지?
- 왜 세상에서 제일 재미있는 사람들이 나에게 끌리지?
- 왜 나는 기대고 싶을 때마다 친구들에게 의지할 수 있지?
- 왜 사람들은 나에게 정말 관대하지?
- 왜 나는 타인에게 이렇게 관대하지?
- 왜 이런 많은 훌륭한 사람들이 나에게 이끌리지?
- 왜 사람들은 내가 정말 멋지다고 보는 것이지?
- 왜 친구들은 나에게 진실을 말하지?
- 왜 나는 나를 배려하면서도 항상 내 모습을 돌아보게 하는 수많은 친구들이 있지?
- 왜 나는 만나는 사람마다 장점을 잘 찾아내지?
- 왜 내가 가진 모든 것이 타인의 삶을 더 풍족하게 만들지?
- 왜 나는 진심으로 베풀 때마다 더 많은 것이 들어오지?
- 왜 나는 훌륭한 사람들과 이렇게 멋진 관계를 맺지?
- 왜 지도자들이 나에게 이끌리지?
- 왜 나는 친구가 원하는 것을 주의 깊게 듣지?
- 왜 나는 이렇게 막강한 인맥이 있지?
- 왜 나의 가족은 이렇게 사랑이 많지?
- 왜 우리는 서로 용서하지?
- 왜 우리 가족은 이렇게 이해심이 많고 나와 나의 일을 이렇게 지지하지?

- 왜 우리 가족은 나를 이해하려고 애쓰지?

- 왜 나는 그들을 이해하려고 노력하지?

- 왜 나는 나의 가족을 있는 그대로 사랑하지?

- 왜 나는 내 인생을 스스로 책임지고 부모나 타인을 비난하지 않지?

- 왜 나는 내가 만나는 사람들의 인생을 긍정적으로 변화시키지?

- 왜 나는 가족과 친구들에게 그들의 모습을 비춰주는 좋은 거울이 되지?

- 왜 나는 친구와 가족의 인생을 축하하고 축복하지?

- 왜 세상 사람들은 내가 훌륭한 사람임을 알아보지?

- 왜 나는 쉽게 충분히 사랑받지?

- 왜 사람들은 나와 내가 사랑하는 사람들에게 이렇게 착하고 도움이 되지?

- 왜 이 많은 사람들이 나를 사랑하지?

- 왜 외로움은 착각이고 완전히 사라져버렸지?

09

두려움 극복을 위한 확언

- 나는 안전하고 평화롭다.

- 나는 두려움에서 자유롭다.

- 나는 모든 두려움의 생각을 내려놓는다.

- 두려움은 사라졌다.

- 두려움은 환상이고 사랑과 평화만이 실재이다.

- 왜 하느님은 항상 나와 함께하시지?

- 왜 나는 평화 그 자체인가?

- 왜 나는 이 문제를 해결할 만큼 충분히 강하고 유능하고 훌륭한가?

- 왜 조물주는 이렇게 나를 안전하게 보호하시지?

- 왜 나는 이렇게 자신감 있고 편안하지?

- 왜 나는 천하태평이지?

- 왜 나는 이렇게 안전하지?

- 왜 존재하는 모든 것은 평화 그 자체이지?

- 왜 나는 항상 평화롭지?

- 왜 지금 나의 세상에는 평화가 비치지?
- 왜 하루하루가 즐거움과 평화가 가득하지?
- 왜 나는 선뜻 감사히 과거의 상처를 내려놓지?
- 왜 나는 나의 근원에서 샘솟는 '무한한 지성'의 힘을 갖고 있지?
- 왜 나는 모두 용서하고 내려놓고 마음의 평화를 갖게 되지?
- 왜 나는 자신감이 넘치지?
- 왜 나는 모든 것이 좋아질 것이라는 사실을 알지?
- 왜 나는 이렇게 보호받지?
- 왜 나는 위험으로부터 안전하지?
- 왜 모든 것이 완벽하게 작용했지?

10

습관과 중독증 극복을 위한 확언

— 나는 술로부터 자유롭다.

— 나는 담배로부터 자유롭다.

— 나는 담배를 피우고 싶을 때 피우고, 안 피우고 싶을 때에는 안 피운다.

— 나는 담배 대신에 차 한 잔의 여유를 즐긴다.

— 나는 약물로부터 자유롭다.

— 내가 습관을 만든다.

— 나는 모든 것을 적당히 즐긴다.

• 왜 나는 _____ 중독증으로부터 자유롭지?

• 왜 나는 애정이 필요할 때 중독 물질이 아니라 하느님께 의지하지?

• 왜 나의 인생은 지금 이렇게 완벽하게 조화롭지?

• 왜 나는 충동적인 행동을 멈췄지?

• 왜 나는 충동구매를 멈췄지?

• 왜 일부일처제가 인류에게 축복이지?

- 왜 나는 담배를 끊었지?

- 왜 나는 이렇게 자유롭고 행복하지?

- 왜 나는 내 인생을 조화롭게 조절하지?

- 왜 나는 과소비를 멈췄지?

- 왜 나는 내게 불필요한 것들을 내버리는 것이 이렇게 쉽지?

- 왜 나는 깔끔한 집을 사랑하지?

- 왜 내가 마침내 _____을 멈추게 되었지?

- 왜 내가 약물을 벗어났지?

- 왜 내가 마침내 깔끔한 제정신이 되었지?

- 왜 나는 내 몸에 좋은 것만을 섭취하지?

- 왜 나는 충동적인 폭식을 멈췄지?

- 왜 나의 성생활은 완벽하게 조화롭지?

- 왜 내가 완벽주의를 버렸지?

- 왜 나는 나의 몸을 마치 고귀한 영혼이 깃드는 신전처럼 존귀하게 대접하지?

- 왜 내가 마침내 폭음과 주사를 멈췄지?

- 왜 나는 나의 감정을 조절하지?

- 왜 나는 건강과 행복을 사랑하지?

- 왜 나는 애정을 느끼기 위해 약물이 아니라 친구를 찾지?

- 왜 나는 올바른 목적으로 성을 이용하지?

- 왜 나는 감정적으로 배우자를 괴롭히지 않지?

- 왜 나는 감정에 휘둘리지 않지?

- 왜 나는 감정적으로 아이들을 학대하지 않지?

- 왜 나는 스스로 충분히 음식을 먹게 하지?

- 왜 나는 아이들에 대한 부당한 처벌을 그만뒀지?
- 왜 나는 육체적으로 배우자를 괴롭히지 않지?
- 왜 나는 육체적으로 아이들을 괴롭히지 않지?
- 왜 나는 마침내 늑장 부리기를 그만뒀지?
- 왜 나는 이렇게 쉽게 늑장 부리는 습관을 버렸지?
- 왜 나는 할 필요가 있으면 즉각 그 일을 해버리지?

11

영성을 위한 확언

- 나는 이 세상의 완전한 섭리를 믿는다.
- 세상은 온전하고 나도 온전하다.
- 세상의 상식이 아닌 섭리에 대한 깨달음과 믿음이 나의 행복과 안전을 보장한다.
- 세상은 안전하고 온전하고 완전하다. 오직 나의 생각이 모자랄 뿐이다.
- 온전하고 완전한 세상에서 나는 행복하고 건강하고 평화롭다.
- 나는 무한한 잠재력을 갖고 있음을 안다.
- 나는 모든 한계를 초월한다. 나는 한계가 없는 세상에서 산다.
- 나는 무한히 풍요로운 우주와 하나로 닿아 있다.

- 왜 나는 신(하느님)이 나로 하여금 그 어떤 것도 돌파하게 하리라는 것을 믿지?
- 왜 나는 내가 만나는 그 어떤 역경보다도 더 강하고 위대하지?
- 왜 나는 항상 내면의 근원적인 지혜와 힘을 믿지?

- 왜 나는 하느님을 통해 무한한 힘을 발휘하지?
- 왜 하느님은 필요할 때마다 완벽한 도움을 받게 인도하시지?
- 왜 하느님은 내가 이길 방법을 항상 찾아주시지?
- 왜 무슨 일이 있어도 하느님은 나를 사랑하시지?
- 왜 나는 하느님의 품 안에서 안전하지?
- 왜 나의 인생은 이렇게 완벽하고 경이로움이 가득하지?
- 왜 나는 내가 원하는 어떤 것이든, 되고 갖는 것이 이렇게 쉽고 좋지?
- 왜 나는 매일매일 나의 존재에 감사하지?
- 왜 근원적인 사랑과 지혜가 내 인생 자체가 되어 드러나지?
- 왜 지금 이대로의 나로 있는 것이 행복하지?
- 왜 나는 이렇게 매력적이지?
- 왜 나는 드러내지 않고도 드러나는 것일까?
- 왜 나는 하느님의 사랑(근원적인 섭리)을 오늘도 즐겁게 누리지?
- 왜 나의 인생은 빛과 사랑과 멋진 사람들과 즐거움이 가득하지?
- 왜 나는 하느님(세상의 근원)에 연결되어 있지?
- 왜 하느님은 항상 이렇게 완벽하게 나를 돌보시지?
- 왜 하느님의 도움으로 무엇이든 해낼 수 있을까?
- 왜 하느님은 오늘 나에게 딱 맞는 사람을 보냈지?
- 왜 나는 거리낌 없이 하느님에게 기적을 요청하지?
- 왜 나는 이렇게 즐겁고 풍요롭게 나누고 받지?
- 왜 나는 영적으로 이 거대한 대지에 뿌리내리고 있는 나무 같은 느낌이 들지?
- 왜 나는 오늘도 하느님의 사랑을 받고 있지?
- 왜 조물주는 오늘 내게 필요한 모든 것을 주시지?

- 왜 나는 항상 풍족하게 제공받지?
- 왜 나는 내 인생에서 내가 필요한 곳에 항상 존재하지?
- 왜 내 인생은 이렇게 은총이지?
- 왜 나는 세상과 공유할 재능이 이렇게 많지?
- 왜 나는 오늘 하느님의 은총을 흠뻑 누리지?
- 왜 이렇게 많은 기적들이 오늘 나에게 일어나지?
- 왜 내 인생에는 항상 많은 기적이 일어났지?
- 왜 나는 베풀 것이 많지?
- 왜 나의 인생은 이렇게 기적이지?

12

행복한 인생을 위한 확언

- 나는 심신의 모든 면에서 균형 잡혀 있다.
- 나는 일과 가정 양면에서 중용을 지킨다.
- 나는 모든 면에서 균형 있는 삶을 산다.
- 내 삶은 기적이 가득하다.
- 나는 열린 마음으로 최상의 선물을 받는다.
- 나는 나의 내면의 지혜가 내게 주어야 하는 모든 선물을 받는다.
- 나는 성공한 사람이다. 나는 성공한 느낌에 나를 맡긴다.
- 내 주변에는 나의 활력과 힘을 비춰주는 것들이 가득하다.
- 행복은 한 지점이 아니라 이어지는 과정이다.
- 행복은 내면에서 온다.
- 나는 행복하다.
- 행복은 내 마음속의 게임이다.
- 나는 (과거와 미래의 걱정이 아닌) 지금 여기에 머문다.
- 행복은 누구에게나 주어진 권리이다.

- 이 모든 일을 겪은 후에도 왜 우리 가족은 여전히 하나이지?
- 왜 나는 그들이 했던 일이나 하지 못했던 일들을 다 잊고 용서해버렸지?
- 왜 나는 이렇게 쉽게 용서받지?
- 왜 누가 옳고 그른가보다 사랑이 지금 여기 있음이 더 중요하지?
- 왜 나는 마침내 진정으로 자유롭지?
- 왜 나의 인생은 이렇게 행복하고 풍요롭지?
- 왜 인생은 이리 즐겁지?
- 왜 나는 태양같이 자신감이 넘치고 봄날처럼 행복하지?
- 왜 나는 시간과 힘과 돈이 넘치지?
- 왜 내 인생은 바라는 그대로이지?
- 왜 나는 나의 가족의 장점을 매일 하나씩 칭찬하지?
- 왜 내 가족은 사랑을 이렇게 충분히 표현하지?
- 왜 나는 인생이 이렇게 조화롭지?
- 왜 나는 쉽게 과거를 내려놓지?
- 왜 나는 옳은 것을 주장하기보다는 행복한 것이 더 중요하지?
- 왜 나의 가정생활은 이렇게 건강하고 행복하지?
- 왜 이렇게 멋진 사람들이 나에게 이끌려오지?
- 왜 나는 "그래, 당신 말이 옳아"라고 적어도 매일 한 번 이상은 말하게 되지?
- 왜 나는 매일 매 순간마다 성공과 온전한 행복을 동시에 누리지?

13

분노를 제거하는 확언

— 녹이 쇠를 삭게 하듯 분노는 나를 삭게 한다.

— 분노란 상대방이 죽기를 바라면서 내가 그 독을 마시는 것과 같다.

— 분노란 손잡이 없는 양날의 칼이라 누구에게 겨누건 내 손을 먼저 벤다.

— 나는 이 분노를 흐르는 강물에 흘려보낸다.

— 내 마음에는 평화와 사랑이 가득하다.

— 내가 보낸 모든 것은 나에게 돌아온다. 분노를 보내면 분노가, 용서를 보내면 용서가 온다.

• 왜 나는 쉽게 이 분노를 내려놓지?

• 왜 나는 분노를 버리는 것이 이렇게 쉽지?

• 왜 나는 쉽게 마음이 편해지지?

• 왜 내 마음에는 평화와 사랑이 넘쳐흐르지?

• 왜 내 마음은 항상 고요하고 평화롭지?

• 왜 내 마음은 지나간 일을 모두 내려놓지?

14

원하는 것을 얻는 확언

- 나는 지금 내가 바라던 그 모습 그대로의 자동차를 운전하고 있다.
- 나는 지금 내가 바라던 딱 그 조건과 상태의 집에 살고 있다.
- 나는 지금 딱 맞는 _____를 갖고 있어서 즐겁고 행복하다.

- 왜 나는 이렇게 마음에 드는 차를 타고 다니지?
- 왜 나는 이런 집에 살고 있지?
- 왜 내게 이렇게 좋은 _____가 생겼지?
- 왜 어느새 나에게 BMW 미니쿠퍼가 생겼지?

15

학습을 위한 확언

– 나는 쉽고 즐겁게 _____를 공부하여 좋은 점수를 받는다.

– _____는 쉽고 즐겁고 재미있다.

– 한 번만 보면 머리에 쏙 들어온다.

– 나의 기억력이 날로 좋아지고 있다.

– 나는 모든 것을 즉각 떠올린다.

● 왜 수학이 자꾸 좋아지지?

● 왜 영어가 점점 쉬워지지?

● 왜 이렇게 배운 것이 기억이 잘되지?

● 왜 공부가 이렇게 쉽지?

16

젊음을 위한 확언

― 올 때는 순서가 있어도 갈 때는 순서가 없다.

― 나는 점점 더 젊어지고 있다.

― 나는 점점 더 건강해지고 젊어지고 날씬해지고 섹시해지고 있다.

― 서류상의 나이와 생리적 나이는 누구나 다르다. 나는 생리적으로 더 젊어진다.

― 사람들이 자꾸 나보고 젊어진다고 한다.

― 내 건강 나이는 26세다.

• 왜 내 허리는 나이가 들수록 점점 더 가늘어지지?

• 왜 내 얼굴은 더 젊어 보이지?

• 왜 나는 점점 더 산을 오르는 것이 쉬워지지?

• 왜 내 허리는 갈수록 날씬해지지?

• 왜 내 피부는 갈수록 탱탱해지지?

돌아온 탕아(의식)의
여행기

무의식에서는 시간과 공간이 구별되지 않는다.
오직 영원한 현재만이 있을 뿐이다.
우리는 의식을 통해 시간의 흐름,
즉 과거, 현재, 미래를 경험한다.
이러한 시간을 통해 공간을 경험한다.
한마디로 의식이 시간을 낳고,
시간이 공간을 낳는다고 할 수 있다.

하늘과 땅이라는 거대한 두 지평이 만나듯,
이러한 시간과 공간의 두 거대한 지평이 만나서,
지금 우리가 경험하는 아름다운 세계를 만들어낸다.

하늘은 시리도록 파랗다.
산은 그 짙은 녹음을 모두 벗고,
황적색의 침묵과 겸손으로 침잠한다.

이 사이에 온갖 화려함을 뽐내는
겨울 외투를 걸친 인간의 문명이 있다.

의식은 시간을 낳고, 시간은 공간을 낳고,
시간과 공간이 결합하여 이 아름다운 자연을 낳았다.
시간과 공간이 결합하여 이 처참한 비극을 낳았다.
시간과 공간이 결합하여 이런 인간의 로맨스를 낳았다.
시간과 공간이 결합하여 이 찬란한 문명을 낳았다.
의식은 이 모든 것을 경험하고 싶어 이 모든 것을 낳았다.

그러다 한순간 자신이
이 모든 것을 낳았다는 것을 망각하고,
자신의 창조물들에 이질감을 느끼고 시기하고 질투하고,
마침내 증오를 느끼기 시작했다.

증오를 낳았다는 사실마저도 망각한 의식은
자신이 낳은 증오에 둘러싸여 더 많은 증오를 낳고,
드디어는 온 세상을 증오의 도가니로 만들어버렸다.
이렇게 증오의 도가니가 된 세상은
온통 아비규환의 지옥 그 자체가 되었다.
오랜 시간이 흘러
의식은 이런 증오를 충분히 경험하고 나니
점차 싫증이 나기 시작했다.

의식은 뭔가 새로운 것을 경험하고 싶어졌고,
이제 이 모든 것이 충분하고
심지어는 넌덜머리가 난다고 느꼈다.

그 순간 새로운 변화가 나타나기 시작했다.
증오가 사라지기 시작하면서,
의식이 낳은 모든 것에,
심지어는 증오에도 자비심을 느끼기 시작했다.

점차 점차 자비심이 커져가던 어느 순간,
의식은 이 모든 것을 자신이 낳았음을
마치 벼락을 맞듯 깨친다.
의식은 이 순간 모든 존재와 증오마저도
원래 자신과 하나임을 보고 느끼고 냄새 맡고 맛본다.

天地與我並生 萬物與我爲一.
모든 것이 평화롭고 고요하고 아름답다.

저 여인의 몸매도, 저 쓰레기 더미도,
저 처참한 살육의 현장도, 저 노숙자도,
노래하는 조수미도, 점프하는 김연아도, 촛불 시위대도,
공감 IQ 30의 이모 씨도, 뻘짓 하는 꼴통들도,
뇌가 입에 있는 전모 씨도, 반토막 난 주가도,
황사에 가려진 뿌연 하늘도, 비명횡사한 기러기 아빠도.

이렇게 의식의 방탕한 여행은 끝났다.

그는 원래의 자리로 돌아왔다.

아니 그는 원래 떠난 적도 없었다.

감도 없고, 옴도 없고, 돌아옴도 없다.

참고 자료 목록

〈Palace Of Possibility〉, Gary Craig
www.emofree.com
www.eftkorea.net
《A Course In Miracles》, Helen Schuman and William Thetford
〈莊子〉, 莊子
《Choice Method Manual》, Patricia Carrington
《LEXUS THE RELENTLESS PURSUIT》, Chester Dawson
《Science Of Being Well》, Wallace Wattle

확언과 EFT로
나는 왜 하는 일마다
잘되지?

초판 1쇄 발행 2009년 3월 25일
재판 1쇄 발행 2019년 11월 25일

지은이 최인원
펴낸이 김지연
펴낸곳 몸맘얼
출판등록 2015년 3월 3일 / 제2015-000018호
주소 서울시 송파구 잠실로 62
전화 02-3406-9181
팩스 02-3406-9185
홈페이지 blog.naver.com/hondoneft
이메일 mbsbook100@naver.com

ISBN 979-11-955432-8-1